JN017666

泉房穂

10代からの政治塾

子どもも大人も学べる「日本の未来」の作り方

KADOKAWA

はじめに

今の日本に政治家はいない。だから、君にこそなってほしい

君の将来の夢は何ですか？

スポーツ選手？　漫画家？　学校の先生？　はたまたユーチューバー？

いろんな夢の形があると思いますが、「政治家になりたい！」と思う人は、少ないのではないでしょうか。


政治家と言うと、「お金に汚い」「ウソつき」「不正をしている悪い人」といったネガティブな印象を抱く人も多いでしょう。実際に私も、かつて政治家だった頃、自分の子どもに「お父さん、裏金で愛人と遊んでるの？」と、とんでもない質問をされたことがあります。……そんなわけないやろ（笑）！

はじめに

決して大げさじゃなく、本音を言います。
政治は、本来、とても美しいもの。政治家とは、未来を築く尊(とうと)い職業です。
困っている人を助けたい。
自分が住んでいる街を、もっとよい街にしたい。
世の中の理不尽なことに対して、見て見ぬふりをしたくない。
政治家になれば、これらをみんな実現できる。これ、ホンマの話です。

さて、申し遅れました。私は泉房穂と申します。2023年4月まで、地元である兵庫県明石市の市長を務めていました。
この本は、君のような若い人に向けて、「政治とは何か?」を、私なりにまとめた1冊です。

私には、生まれつき足の不自由な弟がいました。彼や家族である私たちに対して、明石という街は、とても冷たかった。小学校に通うときは、いつも私が弟と2人分の教科書をランドセルにつめて、弟の肩を抱きながら歩かなければいけませんでした。途中で転んでも、助けてくれる人はいません。みんな物珍しそうな顔で、見て見ぬふりをするだけです。

「なんて冷たい街なんや。大人になったら、オレが明石市をやさしい街に変えたる！」

そう心に誓ったのが、10歳のとき。その後、私は晴れて明石市の市長になり、実際に明石の街が、そこに住む人が変わりました。どのように変わったかは、本文で詳しく説明しましょう。


いやいや。そもそも政治って、なんだか難しそうでめんどうくさい。

うん、その気持ちもわかります。だからこの本では、「内閣のしくみとは〜」とか「憲法改正とは〜」とか、そういう学校のお勉強的な内容は抜きにします
（まあ、話の流れ上、ちょっとはあります。そこはガマンして読んでください）。

そうじゃなくて、もっと根っこの部分のお話。

政治とは、生きることそのものである、ということ。

君がこの先、どういう未来を歩むかは、政治によって左右されると言っても

過言ではありません。だからこそ、「政治とは何か」を考えることは、君の人生において必ず価値のあるものになる。この点においては、100%保証します。

最後に。

今、日本には政治家がいません。

話は冒頭に戻りますが、「政治＝汚い」というイメージは、残念ながら、現状においては正解です。政治家という立場を利用してお金儲け（かねもう）けをしたり、「有名になりたいから」という理由だけで選挙に出たりする人が多くて、本当の意味での政治家がいない状態です。

だからこそ、君になってほしい。

君がこの本を読んだ後に、「政治家って、なんだかおもしろい職業かも」って感じてくれたら、こんなにうれしいことはありません。

そして政治家を志（こころざ）すなら、私はどこにいても、君を全力で応援します。君の親や周りの友達が何と言おうと、政治家を志そうと思った君の意志は、このうえもなく尊いものだからです。

10代からの政治塾　子どもも大人も学べる「日本の未来」の作り方　目次

はじめに……2

1日目
そもそも政治って、何のためにあるの？……11

人は一人で生きられない。そのために政治があるんだ……12
幸せの感じ方は人によって違うから政治がサポートする……16
「自由で平等」を説いたルソーについて知っておこう……23
昔の考え方では、子どもは「中途半端な大人」だった……27
「三権分立」って知ってる？それって本当に正しいの？……30
私が市長時代の12年間に明石市でやったこと……34
まずは目の前の市民一人を助けることから始まる……39

2日目

難しいけど、政治のしくみを見ていこう 45

国会議員と地方議員って、何がどう違うの？ …… 46
ビールを注ぐのも大事な仕事？ とある国会議員の1日 …… 50
法律を作るのが仕事だけど、そのハードルは高い …… 54
食いっぱぐれないから「元〇〇」の国会議員は勤勉だ …… 57
「最良の官僚は最悪の政治家である」ホンマにその通り …… 60
政治家に指名される総理大臣、市民に選ばれる市長 …… 65
市長がやるべき3つのこと。「方針」「予算」「人事」 …… 69
政治家になる以上、嫌われることを恐れない …… 73
現場主義をつらぬけば、おのずと市民の共感は得られる …… 78
地方より国がエラいと思ってる？ 実は対等な関係です …… 82

3日目

なぜみんな税金を払うことをイヤがるの？　87

そもそも「税金」って何だろう？　何のために納めてるの？……88
「社会保険」って税金とどう違う？　しくみから教えます……95
今の日本では、税金を納めてもご褒美がない……99
財務省と厚労省からのダブルパンチを受ける国民……104
政治は常に他人事。革命未体験な私たち……107
減税は正義？　増税は悪？　正解は時代によって違う……111
予算についての考え方「マスト・ベター・メイ・ドント」……115
今の時代の「マスト」は子ども政策にお金をかけること……122

4日目

政治家になるためにまずは選挙に出よう　129

誰でも一人一票、だから選挙はとても美しい制度……130

お金がないと政治家になれない？ 50万円あれば立候補できる……134
選挙で最も大切なのは「語る言葉があるかどうか」……139
「みなさん」ではなく「私たち」。演説で共感を勝ち取る……143
支持者はたくさんいるはずなのに……投票率の落とし穴……147
言わば選挙は「推し活」。推しがいなければ投票に行かない……151
選挙は人生そのもの。その人の生きざまがそのまま表れる……157

5日目

政治家になるために必要な能力って？

163
情熱・判断力・責任。この3つを手に入れよう……164
夢や志で終わらない。それが政治家の「責任」の重さ……169
油断するとすぐに闇落ちする。誘惑がやたらに多い職業……172
リーダーとは、孤独で愛される人のこと……176
海外から学べることもある。広い視野を持つべし……180
魅力的な政治家は人の「悲しみ」を知っている……185

世の中を知ることで君は何倍にも強くなれる …… 189

6日目

みんなは日本をどんな国にしたい？ 193

世の中の9割は思い込み。間違いに最初に気づくのは市民 …… 194
都道府県はいらない？ 全国を市で統一するのってあり？ …… 198
「右・左」ではなく市民に「近いか・遠いか」で考える …… 203
なぜそこに集うのか？ セーフティネットとしての「トー横」 …… 207
人は他人とわかり合えないから想像力の翼で補おう …… 212
人生で忘れてはいけない「3つの発想の転換」 …… 215
おわりに …… 220

1日目

そもそも政治って、何のためにあるの？

人は一人で生きられない。そのために政治があるんだ

なぜ世の中に政治があるのか？

そもそも、政治とはいったい何なのか？

まず最初に、こんな本質的なところから考えてみましょう。実際のところ、大人でも、ちゃんと答えられる人は少ないいんちゃうかなぁ。

なぜ人は政治をするのか。

それは、**人が一人では生きられない生きものだから**です。

君がオギャーと産まれたとき、ミルクを与えたり、オムツを替えたりする人が周りにいなかったら、今まで生きてこられなかったでしょう。

大人になっても、仮に病気やケガをしてしまったら、家族や病院のお世話になるしかありません。さらに年齢を重ねれば、医療や介護など、周囲の助けがいっそう必要になってきます。

人は必ず、誰かしらと助け合いながら生きている。**一人では生きられない生きものであるゆえに、複数の人で「社会」を形成します。**家族、学校、友達、地域……君はこうした、社会というそれぞれの大きなグループの中で生きているのです。

複数の人々と社会の中で暮らすには、当然、ルールが必要になります。

例えば学校なら、朝8時までに登校する、掃除当番は週替わりなど、さまざまな決まりがありますよね。住んでいる地域にも、燃えるゴミは○曜日に出しましょう、路上喫煙(きつえん)はやめましょう、税金は必ず納めましょう、といった決まりがあります。

何かトラブルが起きたときも同じことです。例えば、君が住んでいる街の橋が壊れてしまったら、誰が直すのでしょう？　近くに住む人や国のエラい人ではなく、基本的には、その橋を管理している機関（市区町村など）が修復することがルールで決まっています。

このルールを定め、社会がうまく回るように運用していくことが、**政治**です。

そういう意味では、政治は、君たち一人ひとりの生活に、極めて深く根差したものと言えます。

例えば、コンビニでお菓子を買うときには、必ず消費税を払いますよね。これを払っている時点で、君は政治で定められたルールに従っていることになるし、同時に、「消費税が高すぎる！」と文句(もんく)

を言う権利もあるわけです。

あるいは、学校で生徒会長を選ぶとき、立候補したり投票したりするのも、広い意味では政治活動の一つと考えることができます。校則を変えるために署名活動をしたり、クラスでいじめが起きたらみんなで話し合ったり、より生きやすい社会を作るためにアクションを起こすことこそが政治なのです。

政治は決して、遠いどこかの話ではありません。また、選挙のときだけ参加するというものでもありません。**選挙権のない君のような若い人たちも含め、全員が常に政治とともに生活をしている。**

まずは、こうした意識を持つことが大切です。

幸せの感じ方は人によって違うから政治がサポートする

政治とは、ルールを定め、それを運用していくこと。

では、そのルールには、どんなものがあるのでしょうか。かなり大まかな分類になりますが、ざっくりと、4つのジャンルに分けることができます。

まずは、**都道府県や市区町村が定めた「条例」「規則」**と呼ばれるルール。君が住んでいる街の役所が定めたもので、地域によってその内容は変わります。極端なことを言えば、君が守っているルールも、隣町に住んでいる友達は守らなくてもいい、というのも起こりえるのです。アメリカの法律がまさにこれで、消費税の税率から死刑制度があるかないかまで、州によってルールが全然違います。

そして、**国の内閣や省庁が定める「政令」「省令」**といったルール。これは、その上にある「法律」を補う内容のもの。その**「法律」とはズバリ、原則的には、日本国民であれば、誰もが守らなければいけないルール**です。今紹介した中では、一番力を持つルールと言えます。

ところが、さらにその上のルールが存在します。

それが「**日本国憲法**」です。

しばしば、憲法は「国の最高法規（ほうき）（一番効力が高い法令）」と呼ばれます。これはつまり、憲法の下（もと）においては、どんな法律も、どんなルールも通用しないということ。現状の日本においては、**憲法こそが、最も力を持つルール**なんですね。

憲法を最高法規と定めている国は、日本以外にも、世界中にたくさんあります。

ではここで、憲法ができたきっかけについて考えてみましょう。法律やルールと聞くと「縛（しば）るもの」ととらえられがちですが、実は**憲法は、君自身の権利を守るもの**でもあります。

図1 日本のルールのイメージ

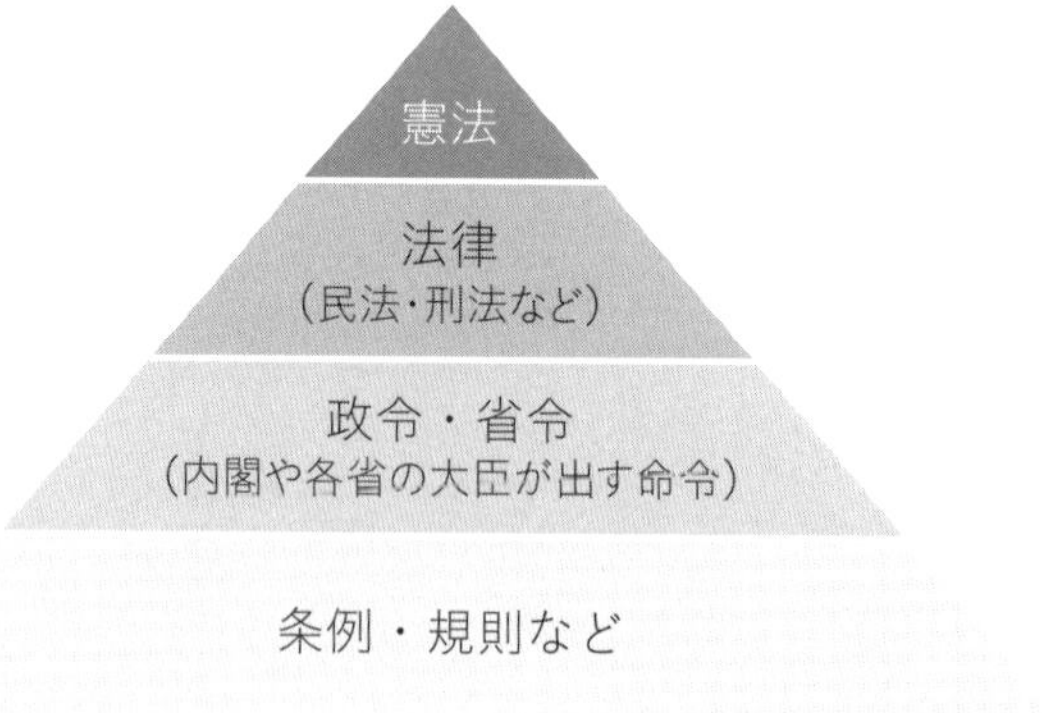

憲法

法律
（民法・刑法など）

政令・省令
（内閣や各省の大臣が出す命令）

条例・規則など

憲法の歴史を紐解くと、はるか昔、1215年のイングランドにまでさかのぼります。このときに誕生した「マグナ・カルタ（大憲章）」が、憲法やあらゆる主義の原型となったと一般的に考えられています。

1200年代初頭、イングランドは、ジョン王という王様によって統治されていました。ところが、彼は後に「イングランド史上で最も無能、かつ残虐で最悪な王」と呼ばれるほどにひどい王様で、私利私欲のために戦争を繰り返し、国を大混乱に陥れます。

当然のことながら、イングランド国民はこれに大激怒。貴族と庶民が結託し、内乱を起こした末に、**「王といえども、法の下にあって、法を守る義務があり、権利を制限される」**という新しいルールをジョン王に叩きつけます。

これこそが、マグナ・カルタ。**後に世界の憲法の礎となった文書**です。

現代を生きる私たちにとって、「王様もルールを守る」というのは、ごく当たり前のことのように思われます。総理大臣だからといって人を殺していいわけがないし、ワガママし放題の大臣などは国民から嫌われてしまうでしょう。

でも、当時の価値観では、王様は絶対的な権力の象徴でした。法に縛られない、神様のような存在として扱われていたので、**世界で初めて王様に制限を与えたマグナ・カルタの誕生は、革命的な出来事だったん**です。

マグナ・カルタは、その後に起きたアメリカ独立宣言（1776年）やフランス革命（1789年）などにも大きな影響を与え、その流れを継承して、日本国憲法が生まれます。

憲法とはつまり、国家権力を制限し、国民の人権を守るためのもの。行政（国を治めること）や司法（裁判を行うこと）などの細かいルールを定めたものではありますが、ベースに「国民の人権を守る」という使命があるからこそ、最高法規としての地位が確立されているのです。

ここで一つ、私の政治哲学の大きなテーマである、憲法第13条「**幸福追求権**」についてご紹介しましょう。

「すべて国民は、個人として尊重される。生命、自由及び幸福追求に対する国民の権利については、公共の福祉に反しない限り、立法その他の国政の上で、最大の尊重を必要とする」

ここで重要なのは、「個人として尊重される」というところ。ちょっと堅苦しくて難しい文章ですが、「**人には幸福を追求する権利があり、その幸福の中身は、人によって違う**」ということを言っています。

仮に、すべての人にとっての幸福が、クリームパンを食べることだったとしましょう。それならば話は簡単で、政府が全国民にクリームパンを配れば、みんなが幸せになれます。でも、実際には、クリームパンが嫌いな人もいるし、チョココロネやメロンパンが好きな人もいる。「幸福」は人によって違うからこそ、すべての人が幸せだと感じる社会を作るのはとても難しい。

だからこそ政治で、さまざまな選択肢を作ることが重要なのです。

学びたい子どもたちが、勉強しやすい環境を作る。お金がないけど子どもを産みたい人のために、あらゆるサポート体制を整える。逆に、結婚はしたくない、子どももいらないという人も暮らしやすいようなコミュニティを作る。

人に幸せを与えるのではなく、幸せを追求するためのさまざまな選択ができる環境を整えていくこと。

これが、政治の根っことなる大切な考え方です。

ルソーについて知っておこう「自由で平等」を説いた

さて、ここまで読んだ君たちの中には、ひょっとしたら、「そんなの当たり前やん！」と感じている人もいるかもしれません。

政治は全国民のためのものだし、だからこそ、政治家は選挙で国民が選ぶ。政府のやり方が気に入らなかったら文句を言う権利がある。みんなが暮らしやすい社会を作るための政治であって、その主体は、あくまで国民である。

そう、これは間違いありません。

でも、そうした考え方になったのは、**実は意外と最近のこと**なんです。

例えば選挙権。

今は18歳以上になれば誰でも選挙権が与えられますが、1945年まで、日本では女性に選挙権がありませんでした。

そもそも、日本で最初に選挙が行われたのが1890年のこと。このとき投票できたのは、お金持ちの男性という、わずか一握りの国民だけだったんです。

さらに時をさかのぼれば、先ほどお話ししたマグナ・カルタの時代には、王様の力は絶対とする「王権神授説（おうけんしんじゅせつ）」が一般的でした。マグナ・カルタが制定された後も、「政治は国民のもの」とはいかず、王様やお金持ちの貴族に権力が集中していたんです。

そんな時代に、「**政治は国民が変えてもいい！**」と声を上げたのが、ジャン・ジャック・ルソーでした。**ルソーは、私が最も尊敬する政治哲学者**であり、かなりぶっとんだ思想家です。君にもぜひ知ってほしいので、ここで少し紹介させてください。

1712年、ジャン・ジャック・ルソーは、ジュネーヴ共和国（フランス語圏）で産まれました。生後10日で母を亡くし、10歳のときに父が失踪（しっそう）、孤児としての生活を余儀なくされたルソーは、徒弟奉公（とていほうこう）（職人に弟子入りし、住み込みで働くこと）に出され、さまざまな場所を転々としながら過ごします。

そうした環境で育ったこともあり、仕事をさぼって盗みを働くなど、典型的な不良少年でした。

ルソーが15歳のとき、市の城門の閉門時間に遅れて、そのまま奉公先に帰らず、放浪の旅に出ます。

そこで、ある大金持ちの夫人と出会い、彼女の下で教養を身につけました（余談ですが、ルソーは女性にめちゃくちゃモテる色男でした）。哲学、幾何学、ラテン語、音楽……膨大な量の書物を読みあさり、自学自習に没頭することで、後の革命的発想の礎を築いていくのです。

その後もルソーは旅を続けながら、パリのさまざまな知識人たちと交流し、自らも先進的な思想家としての地位を確立していきます。

そんなルソーが、現代まで名を残すにいたった革命的発想とは何だったのか。

いくつか代表的な主著がありますが、中でも有名なのは、『**社会契約論**』です。彼はここで、「**人間社会は、自由で平等な個人間の契約で成り立っている**」と論じ、当時の人々に衝撃を与えました。

昔の考え方では、子どもは「中途半端な大人」だった

わかりやすく言うと、ルソーは『社会契約論』の中で、「**人はすべて平等である**」ということを世の中に訴えたのです。国家も政治も、平等な人間同士のやりとりによって成り立つもの。だから、「**政治や社会は国民が変えてもいいのだ**」と主張しました。

その背景にはやはり、先ほどの王権神授説の存在があります。王様は神様と同等と考えられていて、国民が政治に参加するなどありえない時代でした。だから、「王様も国民も平等なんだから、政治はみんなでするべきだ」と言い出したルソーに、みんなびっくりしたんですね。

ルソーのこの哲学は、後のフランス革命にも大きな影響を与えました。１７８９年に制定されたフランス人権宣言の一節「人は生まれながらに自由であり、権利において平等である」は、ルソーの『社会契約論』に基づいて書かれたものとされています。

人はみな平等であり、政治はみんなで動かしていくもの。そんな**今は当たり前となった価値観も、昔の時代では、決して当たり前の考え方ではなかったん**です。

少し余談になりますが、「子ども」という概念を作ったのもルソーです。

ちょっと想像しづらいかもしれませんが……、ルソーの時代には、「子ども」という概念はなく、今で言う子どもは「中途半端な大人」として見られていました。完全な大人よりも弱く、物分かりも悪い存在で、子ども時代は早く終わるのが望ましいとされていたのです。

ところがルソーは、大人とは別に、「子ども」という生きものが存在すると考えました。**子どもは固有の世界があるから、大人と同じ尺度で考えてはいけない**。彼らの成長に合わせて、適した教育を施すべきである。そう考えて、子どもの存在を尊重すべきものとして扱ったんですね。

これ、かなりスゴいことだと思いませんか?

ルソーによる「子ども」の発見がなかったら、電車の切符を買うのもすべて大人料金だったかもしれないし、学割なんていう便利な制度もなかったかもしれない。

そもそも、現代の教育の在り方すら、まったく違うものになっていた可能性だってあるんですから。

「三権分立」って知ってる？ それって本当に正しいの？

その生い立ちからわかる通り、ルソーは、生涯を通して学校に行っていません。独学による学びは得ましたが、同世代の子どもが受けるような、一般的な学校の授業とは無縁の人でした。だからこそ、常識や古い考えに縛られない、自由な発想ができたのではないかと思っています。

ルソーが王権神授説を疑ったように、子どもの扱いに疑問を持ったように、**政治において、常識とされていることを疑うことは、極めて重要**です。

例えば、日本の「**三権分立**」という構造。覚えていますか？
三権分立とは、国の権力を、立法権（国会）、行政権（内閣）、司法権（裁判所）という3つに分けるしくみのこと。
これらを均衡（きんこう）に保つことで、どこか1カ所に権力が集中しすぎないようにしています。

このしくみは、18世紀のフラ

図2 三権分立

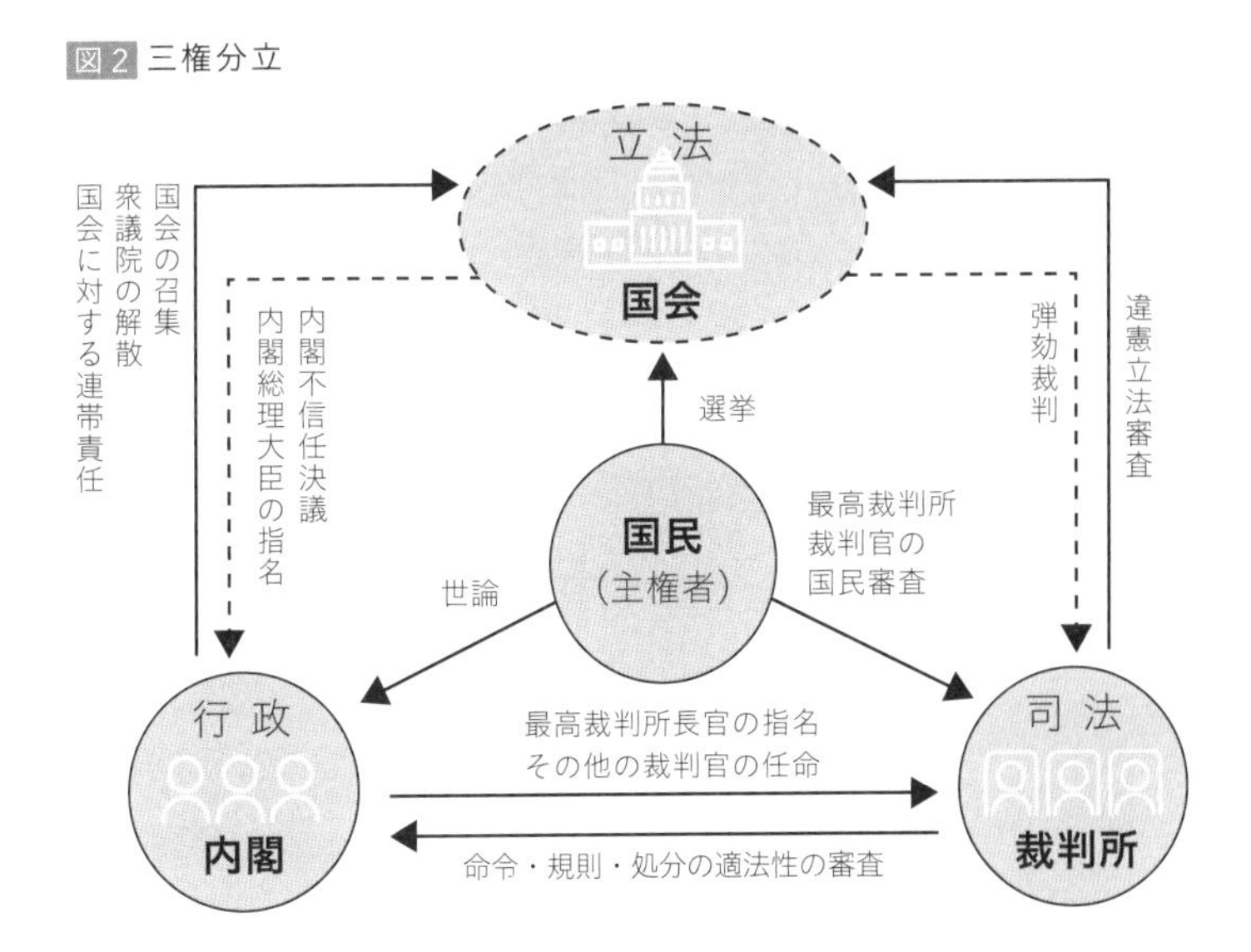

ンスの思想家・モンテスキューが考えたもので、日本以外にも多くの国が採用しています。でも私は、「**ぶっちゃけ、三権分立ってホンマに正しいの？**」と、ひそかに疑問を抱いています。

というのも、今の日本の三権分立では、権力を均等に保つと言いながら、実際には**内閣が大きな力を持っている**からです。

国会で法律を作るときも、結局は多数決で、与党＝内閣の意図した法律が作られる。裁判所で一番エラい長官を指名するのも内閣です。つまり、立法も司法も、行政が思いのままにあやつれるしくみなのです。

学校では、三権分立がさも当たり前の制度であるかのように教えられるし、日本の政治家の多くが、「それが最善」と思い込んでいる。だけど、歴史を振り返ってみれば、17世紀後半のイギリスの思想家であるジョン・ロックは二権分立（立法権と行政権）を主張したし、私が好きなルソーは、司法は行政の一部と考えていました。

どれも絶対に正しいというわけではなくて、**大きな失敗を避けるための、一つの仮説**にすぎません。日本においては、いくつかの選択肢の中から、モンテスキューの案を採用したというだけの話なのです。

時代が変われば、そのときの当たり前も変わります。私の幼少時代の1960年代と今とでは、何から何までが変わっています。世の中とはそういうものです。

だからこそ、ルソーは、「政治の在り方には、いろいろな可能性がある」という言葉を残しました。

今ある当たり前の制度に対しても「それってホンマにベストなん？」と疑う視点を持ち、常にいろいろな可能性があるということを頭に入れておきましょう。

私が市長時代の12年間に明石市でやったこと

ここまでで、政治の本質的な部分について、ルソーのエピソードも交えながら簡単にお話ししました。「人は平等」やら「幸福追求権」やら、けっこうスケールの大きい話になってしまったので、もうちょっと身近で具体的な視点から、**「政治とは何か？」**について考えてみたいと思います。

「はじめに」でも少し触れましたが、私が政治家を目指したきっかかけは、弟のような障害者にもやさしい街を作りたいという思いでした。子どもやお年寄りや障害者、貧しくて日々の生活に困っている人など、弱い立場で苦しい思いをしている人を助けたい。実際に市長になった後も、その思いだけで動いてきました。

「そんなキレイごとばかりで、政治家が務まりますか？」

たまに、そんなことを言われます。言われるたびに、「政治家って、ホンマに汚い職業だと思われてるんやなぁ」と落胆せざるをえません。

キレイごとだ何だと言われても、**強い志(こころざし)があれば、政治で街を変えることはできます**。

ここではいくつか実例として、私が市長だった頃にやったことをご紹介しましょう。

やさしい街に変えていくために作った政策の一つに、「5つの無料化」という取り組みがあります。

〈明石市・5つの無料化〉

①高校3年生までの医療費が無料

②2人目以降の子どもは保育料が無料

③0歳児の赤ちゃんがいるお家に定期的におむつを届ける

（おむつ無料）

④中学校の給食費が無料

⑤子どもが遊べる公共施設の入場料が無料

すべての子どもを分け隔てることなく支援し、子育てしやすい街づくりを目指しました。

子育てがしやすければ、自然と、街に家族が増えていきます。「市からサポートが受けられるなら、子どもを作ろうか」と考えるご夫婦や、「明石市なら住みやすそう！」と、他の地域から移住してくる人たちが出てくるんです。そうなると、街が活気づいていきます。駅前に人が増えれば、周辺にあるお店の売上が上がり、商店街の人たちの景気もよくなります。

人口が増えるわけですから、マンションなどの不動産業も儲かります。**子育て層にやさしい街づくりは、結果として、経済的にも地域を豊かにするしくみになっている**わけです。

一方で、高齢者の人たちの声にも耳を傾けます。正直なところ、私が「5つの無料化」を実施した頃は、子育て層には大いによろこんでもらえたものの、お年寄りからは「子育て層ばっかりにやさしくしやがって！」というクレームを受けることもしょっちゅうでした。政治で全員を幸せにするのは、ホンマに難しいことです。

そこで、5つの無料化など子ども政策の次に、高齢者や障害者のサポートにも力を入れました。高齢者の人のかかりつけの病院までのタクシーを無料にしたり、認知症診断費用を無料にするなどの施策を実施しました。バリアフリーの設備を取り入れるよう飲食店に促したり、あらゆる障害への理解を深めるための条例を作ったりして、誰もが暮らしやすい街を目指して奔走しました。

結果、私が市長になって、明石市がどうなったかというと……。

すみません、ちょっと自慢させてください。

地方都市の人口減少が深刻化する中で、明石市にいたっては、10年連続で人口増。今は少子化といって、子どもが減っていることが全国的に問題視されていますが、2021年の国の合計特殊出生率（一生の間に一人の女性〔15〜49歳〕が産む子どもの数）が1・30人であるのに対し、明石市は1・65人。さらに、91・2％もの市民が「住みやすい」と感じる街に、明石市はなったのです。

「キレイごとばかり」と揶揄されながらも、**そのキレイごとを泥臭く実践していけば、人も街も、ホンマに変わっていく**ということを実証できたと思っています。

まずは目の前の市民一人を助けることから始まる

政治家の仕事と言うと、議会を聞いたり、法律を作ったり、選挙運動をしたりといったイメージを持っている人も多いでしょう。もちろん、それらも重要な仕事ではありますが、最も大切なことは、**「市民の方を向いて、市民の声を聞く」**ことです。

例えば、私が市長だった頃、街の商店街を歩くことを日課にしていました。

ぷらぷらと歩いていると、商店街の顔なじみのオヤジに会ったりして、「景気はどうや？」とたずねるわけです。

「あかん、コロナで売上が下がって、来月のテナント料が払われへん」

「大変やな。どないしますの？」

「どないも何も、来月のテナント料が払えんかったら、うちの店はおしまいですわ。こんなことを市長さんに言ってもしゃあないねんけど、娘を一人で育ててるパートのおばちゃんがおってな。彼女の給料は払ってあげたいから、何とかできへんかなぁ」

「わかりました、両方とも何とかしましょう」

……と、これは実際にあったやりとり。

商店街のオヤジの話を聞いて、その2週間後には、市から各テナントに100万円の融資（ゆうし）を行いました。ついでに、お父さん、あるいはお母さんしかいない一人親の家庭に、5万円の給付金を出しました。

また、こんなこともありました。

明石市には、**子ども食堂**というものがあります。親が共働きなどで家でご飯を食べられない子どものために、地域の人たちや自治体が主体となって、子どもたちに食事を提供するコミュニティスペースのことです。

明石市以外にも全国で展開されているので、君も知っているかもしれませんね。

実は、私の妻も、明石市内で子ども食堂を運営しているメンバーの一人です。妻が運営する子ども食堂に、小さな頃から顔を見せてくれている、中学3年生の女の子がいたそうです。

その女の子は極めてハードな家庭環境にいて、中学校を卒業した後は、働きに出ざるをえない状況に置かれていました。お父さんがおらず、お母さんはほとんど育児放棄のような状態で、高校進学はあきらめるしかないと言うのです。働きたいという意思があるならまだしも、家庭環境のせいで進学できないなんて、あまりにもかわいそうです。

コロナの影響で、進学困難な子も増えていました。

そこで明石市では、高校受験を半年後に控えた中学3年生を対象に、無料の学習支援をスタートしました。さらに、高校の入学金も、市が負担する制度を作りました。

でも、せっかく行った高校も、すぐに辞めては意味がありません。高校生になった後も、毎月ちゃんと、市役所に顔を出して近況を報告すると、在学支援金として毎月1万円のおこづかいをあげるシステムにしました。

いかがですか？

政治って、けっこうリアリティのある仕事だと思いませんか。

議会で討論したり、選挙活動をするだけじゃない。**たった一人の市民と向き合い、彼らの声に耳を傾け、彼らのためにできることを実践していく。**これが、行政の一番大切な部分だと思っています。

お金がなくても、親が見捨てても、行政が君をサポートする。

……ちょっとクサいかもしれませんが、私、ホンマにそう思っているんです。そして、それを実践できるのが政治の面白いところで、一番のやりがいだと感じています。

では、次からはもっと詳しく、「政治家ってどんな仕事をするの？」というところにフォーカスをあててみましょう。

1日目のおさらい

- 人は一人では生きられない。だから、みんなで社会を作る。その社会のルールを決めるのが政治家の仕事
- 一番強力なルールが「日本国憲法」。これは権力を持つ人に制限を与え、みんなの生活を守るためのもの
- 幸せの感じ方は人によって違う。そんなみんなの幸せをサポートするのが政治家の仕事
- 昔は国民より王様がエラかった。けれど、ルソーが「人はみんな平等だ」と言い、その考え方が徐々に当たり前のものになっていった
- 時代が変わると、これまでの当たり前が当たり前ではなくなってくる。だから「その常識は本当?」と疑ってみることが大切
- 政治と言うと大きなことに見えるけど、大切なのは「目の前の市民一人を助ける」こと

2日目

難しいけど、
政治のしくみを
見ていこう

国会議員と地方議員って、何がどう違うの？

前回の終わりに、私が市長時代に行ったことを紹介しました。より市民に近い場所で、市民目線の政治を行えたのは、私が市長という立場だったからかもしれません。

一口に政治家と言っても、いろいろな種類があって、取り組むこともそれぞれに違います。ここではまず、政治のしくみを理解するために、「そもそも、**政治家って何？**」というところから整理してみましょう。

政治家は、大きく3つのジャンルに分かれます。

・国会議員

国会に所属し、主に国全体の政治を行う人たち。国民が抱える問題点を取り上げて、法律を作ったり、予算を決めたり、外国とやりとりをします。

・地方議会議員（地方議員）

都道府県で選ばれる都道府県議会議員と、市区町村で選ばれる市区町村議会議員があります。

その地域に住む人たちの問題を取り上げて、条例を作ったり、予算を決めたりします。

・都道府県知事・市区町村長

各都道府県および市区町村のリーダー。各地域の政治全般を扱います。

私は市長を10年ほど経験したので、後ほど詳しく紹介します。

大まかに言えば、法律を作ったり外交をしたりと、国という大きな枠の政治を動かすのが国会議員。

対して、市民の声を聞き、それを反映する形で地方ごとの政治を行うのが地方議員。

彼らをとりまとめるリーダーが、都道府県知事や市区町村長ということになります。

……と、ここまでは、政治の教科書通りのお話。学校で習った人なら、すでに知っているこ

図3 政治家のジャンル

国	都道府県	市区町村
・総理大臣（国会議員から選ばれる） ・国会議員	・知事 ・議会議員	・首長（市区町村長） ・議会議員
法律を作ったり、外交したり、国に関わる仕事をする	各都道府県に関わる仕事をする	各市区町村に関わる仕事をする

総理大臣以外の役職は選挙によって選ばれます

とでしょう。

私は長らく明石市の市長を務めていましたが、40代の頃は、国会議員として国政にたずさわっていました。なので、市長のことも、そのとき一緒に働いていた地方議員のことも、国会議員のこともよく知っています。

ぶっちゃけた話、実際に現場で働いていると、教科書で習う「国会議員はこういう仕事」「地方議員はこんな人」とは、印象がだいぶちゃうなぁ……というのがホンネです。

そこでこの本では、私の政治家としての経験から、「リアルな話、政治家の仕事って何?」という点についてお話ししたいと思います。

ビールを注ぐのも大事な仕事？ とある国会議員の1日

突然ですが、「仕事中の国会議員」と言うと、君はどんな姿を思い浮かべますか？

国会で会議をしているところ？
駅前で演説している姿？
それとも、ＹｏｕＴｕｂｅで物申している姿？
そもそも国会議員は、普段は何をしているのか。

お答えしましょう。彼らは普段、ポスターに使うための写真を撮ったり、宴会でビールを注いだりして毎日を過ごしています。

……というのは、半分冗談です（半分ホンマなんかい！）。

「国会議員は、普段どんな仕事をしているか」

これは非常に答えづらい質問です。

なぜなら私の知っている限り、**マジメに仕事をしている国会議員は、ごくわずか**だからです。

私が国会議員だった頃のことを思い出しながら、そのごくわずかのマジメな国会議員がどんな毎日を過ごしていたかを紹介してみましょう。

まず、**毎朝8時から勉強会**が行われます。国会議員の大きな仕事に「法律を作る」というのがありますが、この勉強会では、検討している法案の内容を精査したりします。例えば、「犯罪被害者等基本法」という法案を作ったときは、この法案に関わる人々を勉強会に呼んで、いろいろな意見を聞いたりしました。

ただし、この勉強会は、あくまでも自由参加。マジメに毎朝参加する人もいれば、まったく顔を見せない人もいます。


その後、だいたい**9時頃から委員会**に参加します。

ここは主に、国会に提出された法案などを専門的に議論するところです。新しく作ろうとしている法案の内容が問題ないかどうかを話し合って、最終的に、「法案にするか、しないか」の採決をとります。


午後からは、本会議がスタート。委員会で採決をとった法案について、さらに議論を重ねます。これがおおよそ1～2時間くらい。それ以外の時間は自由時間です。

自由時間と言っても、遊んでいるわけではありません。違う政党と勉強会をしたり、秘書と打ち合わせをしたり、取材を受けたりと、人によって時間の使い方はさまざまですが、政治家としての仕事を全うしています。

そして週末は、多くの人が地元に帰り、挨拶（あいさつ）まわりをします。地元というのは、主に自分の選挙区のこと。次の選挙のために、地元のイベントやエラい人との会合に顔を出して、ビールを注ぎまわったりするわけです。

ちなみに、自慢じゃないですけど、私はかなりマジメな国会議員でした。朝の勉強会には必ず出席し、委員会や本会議に参加した後は、毎日夜中の1時まで働いていました。

具体的に何をしていたか？

法案を作っていたんです。

法律を作るのが仕事だけど、そのハードルは高い

ここで少し、**法律ができるまでの流れ**について説明しましょう。

法律のもとになるものを法律案＝法案と言います。これを国会に提出できるのは、**内閣と国会議員だけ**。

彼らによって準備された法案は、まず、衆議院か参議院の議長に提出されます。そこから委員会に送られ、その法案に詳しい国会議員が内容についての議論を重ねます。

その後は本会議に送られて、内容をさらに精査します。ここで、本会議に出席している議員の過半数が賛成すれば、その法案が可決されるという流れです。

ちなみに、**国会議員が提出した法案、あるいはその行為を「議員立法」**、対して**内閣が手がけたものを「内閣立法」**と言います。現在では、可決された法案のうち、およそ7～8割が内閣立法、2～3割が議員立法という割合になっています。2022年に可決した法案は、議員立法が17件、内閣立法は61件です。内閣立法に比べると、

図4 法律ができるまでの流れ

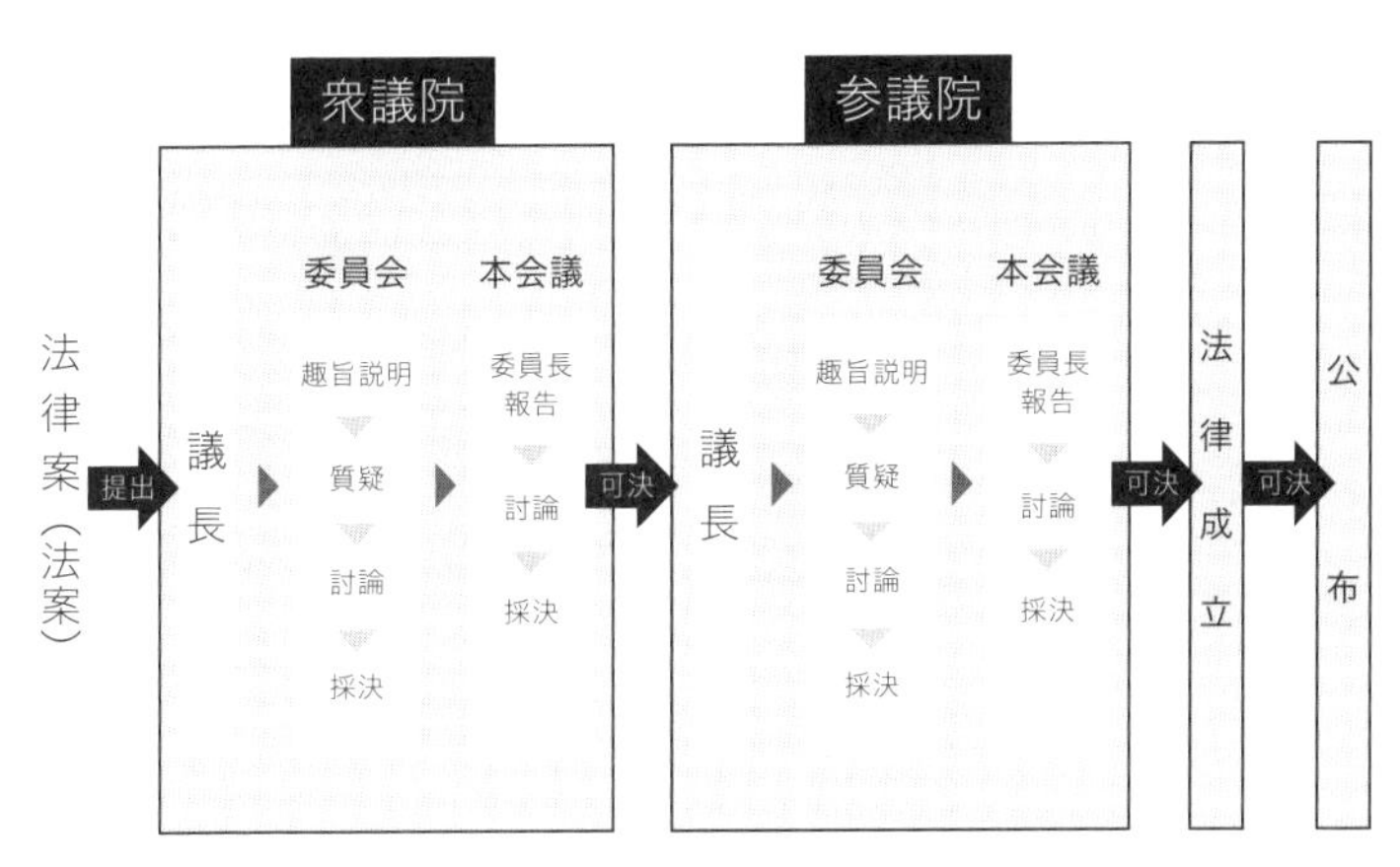

衆議院が先に審議を行った場合

議員立法で法案が可決するケースは圧倒的に少ないんですね。

そもそも、国会議員が法案を国会に提出すること自体、とてもハードルが高くなっています。国会議員が法案を提出するには、衆議院では20名以上、参議院では10名以上の国会議員の賛成が必要です。加えて、その法案が予算を必要とする場合は、さらなる国会議員の賛成数が必要になります。

国会議員は法律を作るのが仕事のはずなのに、なぜ、これほどにハードルが高いのか。

さまざまな理由が考えられますが、一つは、**内閣立法を作成している官僚（かんりょう）の力が強いこと**（官僚については後ほど詳しく説明します）。もう一つ、国会議員が、自分の選挙区や支援団体に有利な法案を作らないよう、防衛の意味もあるのかもしれません。

いずれにせよ、国会議員が法律を作ろうと思ったら、さまざまなハードルをクリアしないといけないのが現状です。もし君が国会議員を目指すなら、そのあたりは覚悟しておいた方がいいでしょう。

食いっぱぐれないから「元○○」の国会議員は勤勉だ

ちなみに、**私は国会議員だったときに、7つの法案を可決させました**。8つの法案を提出して7つが法律になったので、8打数7安打です。自慢話ばかりでホンマにすんません。でもこれ、めちゃくちゃスゴいことなんですよ。「この打率は田中角栄（剛腕で有名な元首相。議員立法最多となる33本を成立させた）以来」と言われるくらい、当時の私は高い成果をあげていたんです。

もっとも、私の場合は、時代が味方してくれていた面もあります。私が国会議員だったのは、今から20年ほど前の話。その頃は、国会に「国会議員が法律を作ろう！」という熱いムードがあったんです。だから、今よりもずっと議員立法がやりやすかったし、その分、モチベーションも高く保つことができたのかもしれません。

そんなわけで、国会議員時代の私は、週末も地元に帰ることなく、毎日、死に物狂いで法案と向き合っていました。夜8時まで議員会館で法案を作り、いったん晩ご飯を食べに自転車で議員宿舎に帰り、子どもと少し遊んだ後に、また議員会館に戻って夜中の1時まで作業をする。正直、ちょっと働きすぎちゃうかと思うくらい働いていました。

他の議員たちもそうだったかと言えば、答えはノーです。マジメな議員もいましたが、それはほんの一握り。週末に地元に帰って、ビールを注ぎまわることを仕事のメインとしている議員が圧倒的に多かったと思います。

余談ですが、私の印象では、**元お医者さんとか元弁護士の国会議員には、勤勉な人が多かった。**それから意外と、お父さんやお祖父さんが元政治家という、**二世・三世の国会議員もよく働いていた**印象です。

なぜかと言うと、**彼らは仮に次の選挙で落ちても、食っていけるから**です。政治家にこだわらなくても、弁護士や医者の資格を持っていますからね。

そうした資格を持っていない多くの議員は次の選挙のことで頭がいっぱいで、週末はどうしても、地元に帰って挨拶まわりをしなければいけなくなる。でも、「選挙に落ちたら落ちたでいいや」と、ある意味で腹を括(くく)っている国会議員は、挨拶まわりをするよりも、現状の成果を出すことを最優先するので、目の前の仕事をがんばるんですよね。

ちなみに私も、国会議員になる前は弁護士でした。このお話も、後々詳しくしましょう。

「最良の官僚は最悪の政治家である」ホンマにその通り

「官僚」という言葉が出てきたので、少し補足しておきます。

官僚とは、ざっくり言ってしまえば、**中央省庁に勤務する国家公務員**のこと。中央省庁とは、内閣府や総務省、財務省、法務省などの各省庁、つまり国の主要な行政機関のことです。

彼らはそこに所属して、法案や予算案などのさまざまな政策を作り、それを実施できるよう調整しています。言わば、政治のプロフェッショナルとも言える存在です。

では、政治家とは何が違うのか？

それはもう、明確に違います。


政治家と官僚は、役者と裏方のようなものです。政治家が方針決定をし、それを実現するために、官僚が実務をこなします。

例えば、Aさんという政治家が、環境省の環境大臣に抜擢（ばってき）されたとします。そこでAさんは、「環境のために、レジ袋を有料化する」という政策を打ち出します。すると、環境省の官僚たちが、その政策がうまく機能するように、予算を組んだり、細かいルールを作ったりして、Aさんを全面的にバックアップします。

そのようにして、政治家と官僚がうまく協力し合うことで、行政がスムーズに行われるしくみになっているのです。


……と、これは理想のお話。

実際のところ、政治家と官僚の関係性を説明しようと思ったら、それだけで本を1冊書けてしまうほど複雑なものです。どちらも政治を生業（なりわい）にしている点では同じですが、そのスタンスは真逆と言っていいほど違います。

私の考えでは、**政治家は方針転換をするもの、官僚は現状維持をするもの**だと思っています。そんな真逆の両者が一緒に仕事をしようと思っても、「もうちょっとこっちの言うことを聞け！」という感じで、どう転んでもケンカになってしまうわけです。

19〜20世紀のドイツの社会学者で、マックス・ウェーバーという人がいます。官僚というものを本格的に研究した人で、こんな言葉を残しています。

「**最良の官僚は、最悪の政治家である**」

これ、ホンマにその通りやと私は思っています。

官僚という人たちは、「今の状態をキープしよう」という現状維持は得意ですが、「今の状態を何とかしよう」という方針転換が苦手です。「今までのやり方は正しい」という前例主義がベースにあって、昔のやり方をなかなか変えようとしません。

もっとも、官僚は政治家と違い、省庁という大きな組織に属しているので、組織を守るためにそういう姿勢になるのも理解できなくはありません。

かつての日本なら、現状維持もアリでした。かつての日本とは、例えば、昭和の高度経済成長期（1955年からの約20年）の頃。あの時代は景気もよく、放っておいてもどんどん経済が上向いていったので、現状維持の官僚スタイルで問題なかったと言えます。

でも、今の日本はどうでしょう。君もニュースで耳にしたことがあるかもしれませんが、景気は悪く、税金は上がる一方で、国民の暮らしは最悪の状態です。日本は先進国にもかかわらず、30年以上も給料が上がっていない、極めて貧しい国に成り下がっています。

こういう時代に求められているのは、現状維持の官僚ではありません。方針転換ができる大胆な政治家です。

そもそも、政治家は、国民の投票で選ばれた人たち。対して官僚は、国家試験に合格して職に就いた国家公務員です。政治を執るのは官僚ではなく、国民の願いを背負った政治家であるべきなのです。なのに現状は、やたらとその方針に口を出してくるエラそうな官僚ばかり。さらに最悪なのは、そんな官僚にペコペコして、現状維持に徹してしまっている政治家が多いという現実です。

これだけは必ず覚えておいてください。

政治を執るのは官僚ではない。政治家なのです。

政治家に指名される総理大臣、市民に選ばれる市長

一方で、リアルな話をすると、「方針転換するのが政治家」と言っても、国会議員にはハードルが高い部分もあります。議員立法の打率の低さについてもお話ししましたが、内閣や官僚といった権力に囲まれた国会議員は、できることが限られているからです。

それに対して、**まさに市長は、政治の方針転換がしやすい役職**と言えます。個人的には、**政治家の中でも、市長ほどやりがいのある役職はない**と思っています。

ここからは、そんな市長についてお話ししましょう。

君は、君が住む街の市長（あるいは区長・町長・村長）が誰かを知っていますか？

「知らない」と答えた君は、君自身に住む街への関心がないか、その市長たちに存在感がないかのどちらかです。「知っている」と答えたなら、君が街に興味があるということだし、市長も市民に近い場所にいるということでしょう。

国会議員と比べたとき、**市長や地方議員は、より深く市民と関われるポジションにいます。**地方自治では、市長というそれなりの立場の人でも、市民の生(なま)の声を聞き、それを反映する形で政治を行うのが基本です。コロナで学費が払えない学生がいれば学費支援をしたり、一人親でも子育てしやすいようなサポート制度を作ったり。地方で求められるのは、一人ひとりのリアルな生活に密着した政治です。

また、市長に関して言えば、**市民から選挙で選ばれる**というのも大きなポイントです。

国会議員もまた選挙で選ばれますが、国会議員を束ねる総理大臣は、選挙ではなく国会議員の指名によって決まります。つまり、国民が直接、総理大臣を選ぶことができないしくみになっているのです。これを「**議員内閣制**」と言います。

対して、地方自治のトップに立つ都道府県知事、市区町村長は、住民が直接選挙で選びま

図5 議員内閣制と二元代表制

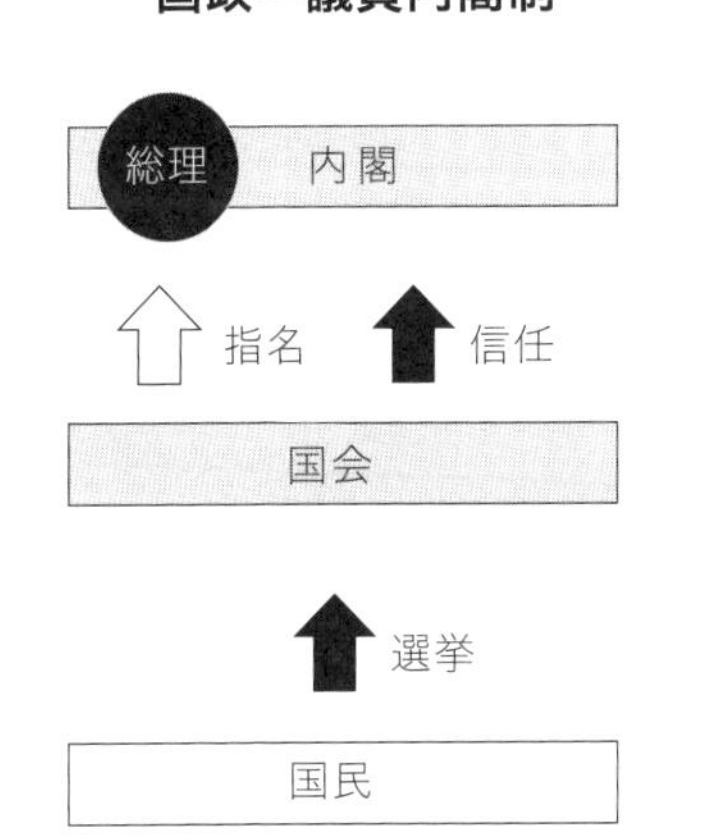

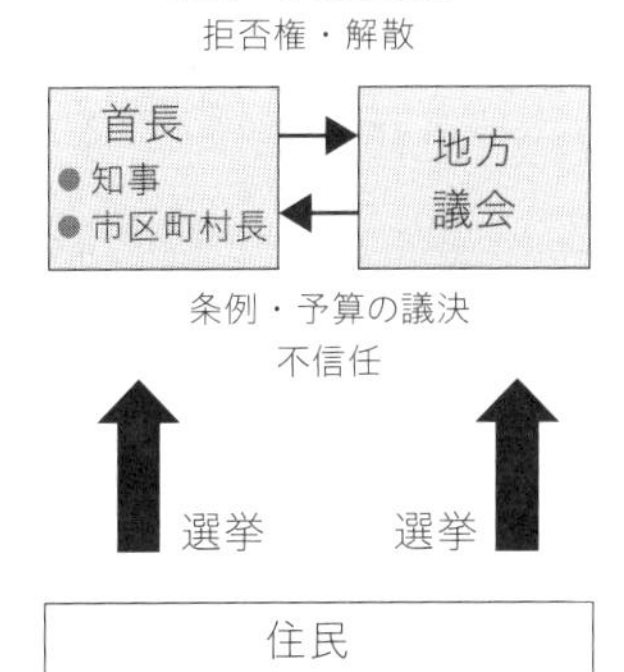

す。これは「**二元代表制**」、あるいは、アメリカの大統領などが国民投票によって決まることから「大統領制」などと呼ばれます。

市民から選挙で選ばれるには、当然、市民や街のことを深く理解していないといけませんし、重大な責任も伴ってくるわけです。でもその分、やりがいもひとしおです。

地方政治が市民に近いという点においては、「住民自治」であることも影響しています。**住民自治とは、そこに住む人たちが、直接政治に関われる構造のこと**です。

例えば、国会議員でもない一般の人が「国の法律を変えたい！」と思っても、それはほとんど不可能に近い。でも、市区町村で運用される条例なら、住民が一定数の署名を集めれば、条例の変更や新しい条例の制定を自治体に検討してもらうことが可能です。

市長がやるべき3つのこと。「方針」「予算」「人事」

では具体的に、市長の仕事とはどんなものなのでしょうか。
私が思う市長とは、以下の3つの権限をきちんと理解し、実行していく人のことです。

①「方針」を決める
②「予算」を決める
③「人事」を行う

①の「方針」とは、どんな街を、どんな社会を作りたいかをイメージして、その方針を定めること。子どもにやさしい街を作るのか、歴史あるお城や街並みの魅力を伝えて、観光地として栄える街を目指すのか。政治家として、市民が幸せに暮らしていくためには、どんな街づくりが求められているのかを考えます。

方針が決まれば、それを実現するため②の「予算（お金の使い道）」について考えます。子どものいる家族に補助金を出すにも、観光地のお城を修復するにも、すべてお金が必要です。そのお金は、市民の税金によってまかなわれていることをしっかりと意識して、予算の配分を決めていきます。

それぞれの予算が決まれば、それを正しく使ってくれる③の「人事（人の配置）」をします。例えば、街に児童相談所を作りたいと思ったら、子どもに詳しい専門家がいれば心強いでしょう。観光地として街を盛り上げたいなら、訪日外国人にも対応できる人が必要になります。求められる人材を見極めて、正しい場所に配置するのも、市長の仕事です。

市長がすべきことはこの3つ。とてもシンプルです。

君がもし部活やサークルに所属していたら、基本的な構造は同じはず。まず、全国大会を目指す強豪チームを作るのか、和気あいあいとみんなで楽しむ集まりにするのか、部活の方針を決める。それに伴い、必要であれば部費を徴収する。さらに、役割分担を決める。リーダーは誰か、レギュラーは、補欠は、掃除当番は誰にするか。そういう組織の成り立ちがそのまま、政治にも反映されています。

「方針」「予算」「人事」という大きな3つのテーマにたずさわり、それぞれを決める権利があるのは、市長や総理大臣といったトップの政治家に限られています。市長という仕事はやりがいがあると言ったのは、そういう理由もあるんです。

同時に、市長や総理大臣に限らず、政治家であれば必ず理解しておくべきポイントでもあります。「方針」「予算」「人事」の3つのうち、どれか一つでもブレると、街やそこに住む人の暮らしを変えることはできません。もちろん、国もです。

では、今の政治家は果たして、この3つを正しく理解できているのでしょうか？

残念ながら、理解している政治家はごくわずかです。市長に関しては、「自分にこの3つを動かす大きな力がある」と自覚している人自体がほとんどいません。大げさな物言いではなく、**今の日本に、本当の意味での政治家はいないと言ってもいい。**

「政治家とは方針転換ができる人」だと述べましたが、まさに市長こそが、方針転換をするべき人で、その権利を持っている人です。もし君が将来、市長を志すことがあれば、その力を存分に活かせるような市長になってください。

政治家になる以上、嫌われることを恐れない

「方針」「予算」「人事」を軸に街を動かした例として、私が明石市長だった頃に実践したことをご紹介しましょう。

まず、**明石市は「子どもを本気で応援する街」にしよう**という方針を掲げました。すでに何度もお話しした通り、私は幼い頃の経験から、子どもや障害者、お年寄りが住みやすい街を作ることが夢でした。そこで、最初に掲げたビジョンが「子ども」です。その理由はいくつかありますが、子育て層が住みやすい街を作ることによって、街の経済も上向きになり、障害者やお年寄りへのサポートにも取り組みやすくなるだろうという狙いもありました。

次に「予算」です。子どもに向けた政策を実行するために、お金を確保しなければいけません。当然、予算の上限は決まっていますし、子ども政策をするために市民の税金を増やしてしまっては本末転倒です。そこで、**他の部門に割いている予算を減らして、その分を子ども政策にあてる**ことにしました。

例えば、市で新しく作ろうとしていた建設物や、工事などの公共事業で、今すぐに必要でないもの、あるいはそもそもやらなくてよいものなどをカットし、その分の予算を子ども政策に回したのです。

そして「人事」です。**集まった予算を使い、子ども政策を担当する職員を、これまでの3倍に増やしました。**「3倍も⁉」と思うかもしれませんが、もともとが少なすぎたのです。

例えば、虐待されている子どもを守る児童相談所には、そこに勤める職員やカウンセラーはもちろん、子どもの健康を守るお医者さんや、何かあったときに頼れる弁護士さんも必要になります。また、「5つの無料化」などの政策を整え、実行するには、たくさんの職員が必要です。そうして子ども政策に関わる人たちを増やす代わりに、他の部門で不必要だと思われる仕事は減らして、人力とコストをカットしていきました。

そのようにして、明石市の子どもにやさしい街づくりは成功したのです。

もっとも、こうしたやり方で政治に取り組むうえでは、一部の人から嫌われることも覚悟しなければいけません。「子ども」を街づくりのビジョンに掲げれば、お年寄りや独身の人、子どものいない家族からは「自分たちのことは無視か！」という文句が出ます。

お金を集めるために公共事業などの予算をカットすれば、当然、それまで公共事業に取り組んでいた人たちは怒ります。

人事に関しても、現場で働く人たちは大変です。例えばコロナが大流行したとき、私は、1年間で27回もの人事異動を行いました。人事異動とは、必要に応じて、働く人の配置を変えることです。普通の会社なら、1年に1~2回の人事異動がありますが、私は27回もやったんですね。

もちろん、それが必要だったからです。保健所への対応や病院のベッド不足、またコロナで働けなくなって、明日からの家賃が払えないという人たちへのサポートなど、やるべきことがたくさんありました。しかも、1分1秒を争う迅速さが求められていた。状況に応じて人を配置するため、当然、人事も流動的になりました。現場で働く人たちは大変だったでしょうし、私のやり方に戸惑う声も耳にしました。

これは一つ、大切なこと。

政治家は、嫌われることを恐れてはいけません。

優秀な政治家とは方針転換ができる人のことですが、方針転換には、絶対に反対する人が出てきます。まったく新しいことをやるわけですから、「今までのやり方を無視している！」と不満を感じる人もいますし、それによって損をする人も必ずいるからです。

多くの政治家はそこで、周りに気をつかって「じゃあ、もうちょっと検討してみるか……」と逃げ腰になってしまう。なぜか？ **彼らの目線が市民ではなく、自分の立場や身内の方ばかり向いているから**です。

どっちを向いて政治をするか。これは大きなポイントです。

政治とは、市民、あるいは国民の方を見て行うもの。官僚や議会、自分を支持している特定の団体ばかりを見て行うのは政治ではありません。むしろ、「嫌われてもかまわない」という強い気持ちで、方針転換をどんどん実行していかなければいけないのです。

現場主義をつらぬけば、おのずと市民の共感は得られる

その代わり、**絶対に味方になってくれる人がいます。それは他ならぬ、市民たちです。**政治家として、市長がやるべきことは「方針」「予算」「人事」とお話ししましたが、あと一つ、４つ目の大事な要素があります。

それは、**市民からの「共感」**です。

共感とは、その人の考えに賛同し、同じ価値観を持つこと。「あの人の言っていることは正しいと思う」「あの人は、私たちの気持ちをわかってくれている」。市民からそうした共感を得る政治家は、めちゃくちゃ強いです。そもそもそれがないと、選挙に通ることができませんからね。

じゃあ、街中に自分のポスターを貼ったり、駅前で演説したりすることが市民の共感を得ることにつながるかと言うと、それは大きな間違い。**実際はもっと地道なことの積み重ねです。**

例えば、自治体が発行する広報誌。君も、市区町村から毎月届くお知らせのようなものを目にしたことがありませんか？　読んだことがない人は、試しに一度、目を通してみてください。そこには、自治体の活動や地域のニュースが、いろいろな切り口で紹介されているはずです。

私はこれを、**市民へのラブレター**だと思っています。今月はこんなことをした、そのために予算をこれくらい使った、今後はこんなことをやってみたい、一緒にやりませんか。自分がいかにこの街が好きかを伝え、「ああ、市長さんはこんなことを考えているんや」と市民の理解を得ることによって、共感を生み出すわけです。今の時代なら広報誌に限らず、さまざまなSNSや動画配信サービスを使って実践できることですね。

街を歩き、市民とコミュニケーションをとることも大切です。1日目でもお話しした通り、私は市長だった頃、商店街や駅前をぶらぶら歩くことを日課にしていました。例えば、子どもの遊具施設に出向き、そこにいるお母さんと少し立ち話をしただけで、市民のリアルな思いを聞くことができます。

「ここの施設の使い具合はどないですか」
「子どもがとても気に入っていて、助かっています。でも、あそこの遊具の使い勝手が悪いかも」

「ほんなら、さっそく検討してみますわ」
「あとすみません、ついでですけど、子どもの一時預かりに、前もって予約がいるのはどうにかなりませんか。緊急に頼みたいことが多いんです」
「確かに、そのための一時預かりですからねぇ。ちょっと確認してみますわ」

こういう会話をして、すぐにその場で役所に電話をかける。できる範囲のことなら、その場で対処するようにする。手間もかかるし大変だけど、結局、そうしたことの積み重ねこそが、確実に市民の思いを叶(かな)え、共感を得ていく手段の一つなのだと思います。

実際に自分の目で見て、市民と話さないことにはわからないこともたくさんあります。官僚は政治の専門家で、優秀な人たちには間違いありませんが、**現場の声を聞き、それを政治に反映することは、政治家が先導(せんどう)していくこと**なのです。

地方より国がエラいと思ってる？実は対等な関係です

ここまで、国会議員と、地方政治にたずさわる市長についてお話ししました。最後に、とても大切なことをお伝えします。

国と地方は、対等の立場であるということです。

動く人員や予算が大きいため、何となく「地方より国の方がエライ」というイメージを抱きがちですが、あくまで対等な関係性であることを覚えておいてください。

かつて戦前の日本では、「中央集権」と言って、国の権力がすべて「中央」である政府に集中していました。地方の政治もすべて国が動かしていたので、その頃は確かに、「地方より国の方がエラい」が成立したと言えます。

しかし、戦後の日本においては民主化が進められ、「**地方の政治は、それぞれの地域によって行われるべき**」という考え方が一般的になっていきます。その土地のことはそこに住む人たちが一番よくわかっているはずですから、これは当たり前のことですよね。

さらに、2000年に「地方分権一括法」という法律が施行され、**国と地方の関係をそれまでの「上下・主従関係」から「対等・協力関係」に転換する**ことになりました。法律でも明確に、「国と地方は対等な関係性である」ことが定められているんです。

にもかかわらず、実態はどうでしょう。

国民の多くが「地方より国の方が上」と思っているし、マスコミも、そういう前提で記事を書いたりします。国の政治家にも「地方は国に従え」と傲慢な態度をとる人がいるし、地方の政治家にも、「お国には逆らえない」などと卑屈になっている人がいる状況です。

私が市長だった頃、コロナが大流行しました。このとき私は、とにもかくにもスピード重視だと思い、市民への給付金や、コロナ条例の制定をいち早く実施しました。これらの政策は後に、「明石市のコロナ対策は迅速だった」と、お褒めの言葉をいただきました。

でも、私から言わせれば、明石市が早かったわけじゃない。ほかの地域が遅すぎたんです。なぜかと言えば、ほかの地域は、国の方針決定や指示を待っていたから。**「国と地方は対等」という強い意識を持たないと、政治家として最も大切な決断力と行動力が失われてしまう**のです。

私がイメージする市民と国、そして地方の関係性は、丸い円のようなものです。一番中心にいるのが市民。その最も近くにいるのが市区町村。その外に都道府県があって、すべてを包み込む形で存在しているのが国です。これらの関係性を上下ではなく、円で見ていくのです。

市民に一番寄り添う政治を執るのが市区町村であり、それを都道府県がサポートする。国はそれらの受け皿になって、すべてを支えています。円にしてみると、こうした構図がすごくわかりやすいと思いませんか。

図6 市民と国・地方の関係

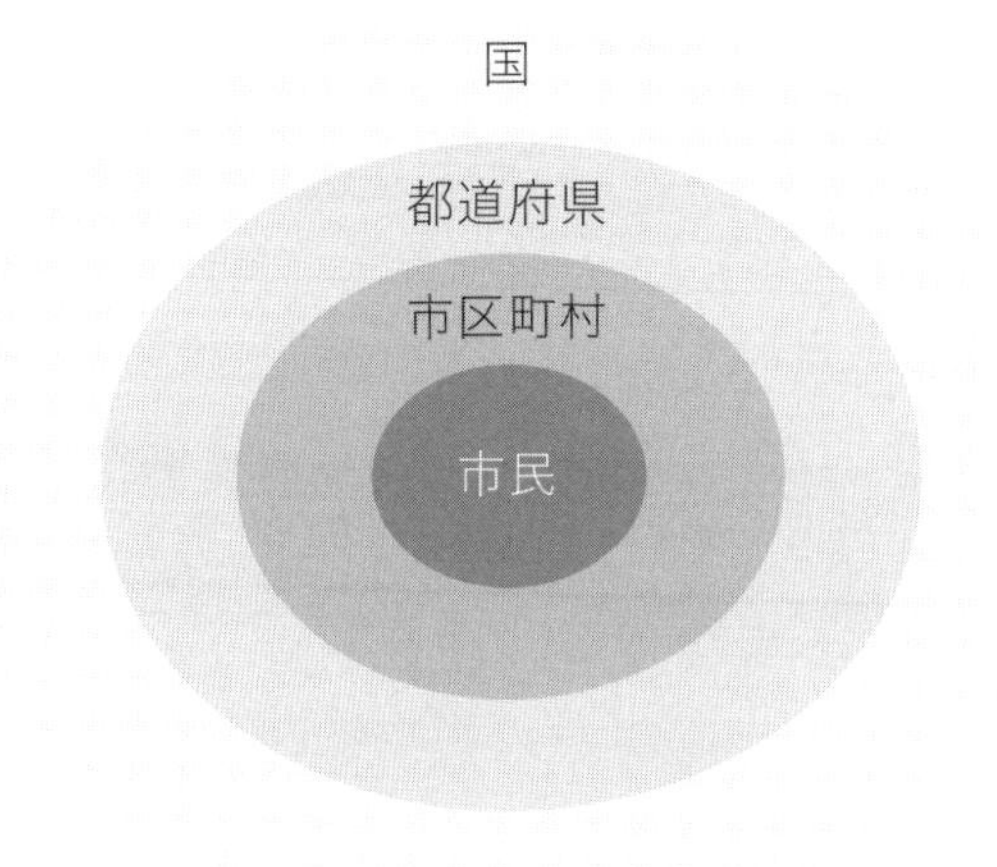

2日目のおさらい

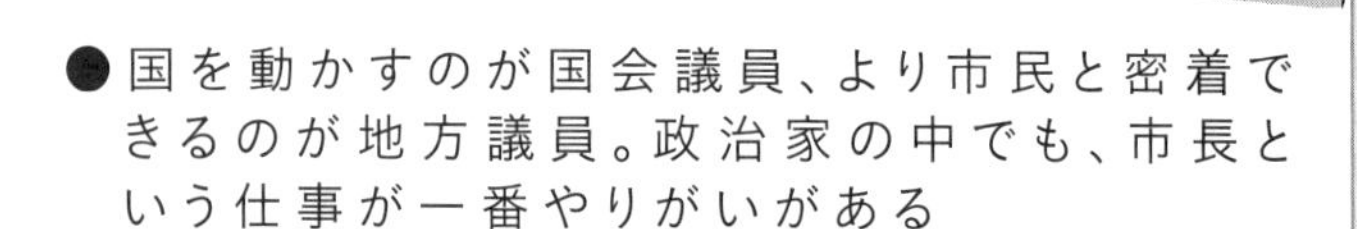

- 国を動かすのが国会議員、より市民と密着できるのが地方議員。政治家の中でも、市長という仕事が一番やりがいがある
- 政治家は方針転換をするもの、官僚は現状維持をするもの。今の時代は方針転換が求められている
- 市長の仕事は方針を決め、予算を決め、人事を行うこと
- 方針転換をしようとすると現状維持したい人からは嫌われる。でも、嫌われることを恐れてはいけない
- 市民のために政治を行えば、必ず市民からの共感は得られる
- 誤解されがちだけど、国と地方は対等な関係

3日目

なぜみんな
税金を払うことを
イヤがるの？

そもそも「税金」って何だろう？ 何のために納めてるの？

ここからは、政治と切っても切り離せない「お金」の話をしましょう。

よくニュースで、「また増税！」とか「政治家がお金を無駄に使っている！」とか言われますが（文句ばっかりやな）、なぜ、政治にはお金が必要なんでしょうか？

君たちの暮らしは、あらゆる場面において、税金に支えられてい

ます。

例えば、学校で使う教科書や机などは、税金を使って用意されたものです。決まった曜日にゴミを収集したり、キレイな水を使えるよう上下水道を整備したり、急病人のところへ救急車が駆けつけたりするのにも、すべて税金が使われています。道路や橋が壊れたら修理するお金も、街の安全を守るための警察官のお給料も、全部税金です。

現代の私たちの生活は、税金がなければ成立しません。

言うまでもないことですが、**ここで使われている税金は、君たちが払っているもの**です。

税金にもいろいろな種類があることは知っているでしょう。

例えば、物を買うときに支払う消費税や、働く人たちが納める所得税などは「国税」と呼ばれ、国に納める税金。

一方で、そこに住んでいる人たちが所得に応じて納める住民税や、土地や家を持っている人が払う固定資産税などは「地方税」と呼ばれ、それぞれの地方自治体に納めています。

納められた税金は、君たちの暮らしをよりよくするために使われます。ここで大切なのが、**どんなことに、どれくらいのお金を使うか**。これを考えるのが、政治家です。

例として、明石市が税金をどのように活用しているのかを見てみましょう。

図7 税金の種類

		直接税	間接税
国税		所得税 法人税 相続税	消費税　関税 揮発油税　酒税 たばこ税
地方税	都道府県税	都道府県民税 事業税 自動車税	都道府県たばこ税 ゴルフ場利用税 軽油引取税
	市(区) 町村税	市町村民税 (特別区民税) 固定資産税	市町村たばこ税 (特別区たばこ税)

2020年度の市民から明石市への市税の総額は、439億3890万円でした。

そのうちの約37％は、高齢者や障害者の支援、児童福祉や生活保護のための費用としてあてられました。次いで多かったのは、借入金の返済で約15％。次に、学校やスポーツ振興のために使ったお金で約12％。そして、市役所や議会の運営費、保健衛生や公害対策費、道路や河川、公園の整備費と続きます。

図8 税金の使い道（2020年度明石市の例）

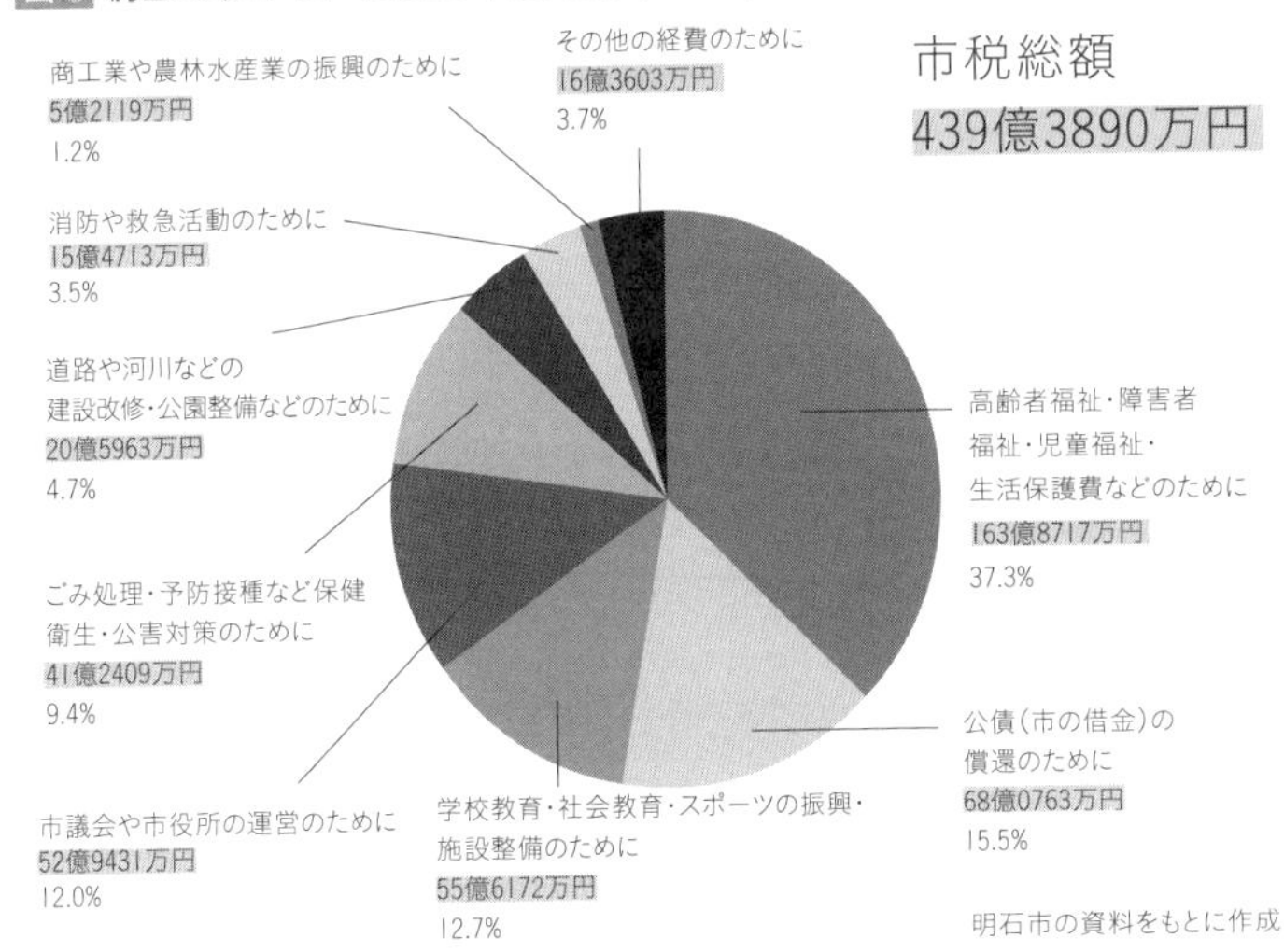

明石市の資料をもとに作成

市民から集めた税金をどのように有効活用するかは、政治家次第です。

明石市は「みんなにやさしい街」を重要なテーマに掲げていたので、子どもや高齢者、障害者へのサポートに最も多くの税金が使われました。

これが例えば、観光に力を入れている街なら、文化や芸術を盛んにするための費用に多くの税金が使われるでしょう。2日目でもお伝えしましたが、まず「どんな街にしたいか」という方針があって、税金はその実現のために使われます。

税金を「どんなことにどれくらい使ったか」は、それぞれの街のホームページにアクセスすれば、確認することができます。

試しに、君が住む街の税金の使い道を調べてみるといいでしょう。自分たちが払った税金の使い道に関心を持つことは、極めて重要なことです。

税金を納める方と受け取る方、両者に合意と納得があって、初めて成り立つのが税金という制度だからです。

「代表なくして課税なし」

これは、アメリカ独立戦争（1775〜1783年）のスローガンです。

当時のアメリカは、イギリスに植民地として支配されていて、議会のメンバーもイギリス人に独占されていました。アメリカ人は、自分たちが払う税金のルールをよそ者であるイギリス人に決められ、支払わなければいけなかったのです。

この不当な課税に対する反対運動の中で生まれたのが、「代表なくして課税なし」という言葉。自分たちの代表がいないところで、勝手に税金のルールを決めるな！　という意味です。民主主義の基本とも言える考え方ですね。

繰り返しますが、税金とは、お互いの合意があって成り立つ制度です。

私たちは、税金を納める代わりに、先述したようなあらゆる公共サービスを受けることができます。政治家はまた、そこに住む人たちのお金を預かっているわけですから、**暮らしやすさという付加価値をつけて、それを市民に還元しなければいけません。**

税金は、国や市のために払うものではなく、自分たちの暮らしのために納めるもの。

そういう意味では、高いのも考えものだけど、安すぎるのも問題なのです。

「社会保険」って税金とどう違う？しくみから教えます

税金のほかにもう一つ、私たちが国に納めているものがあります。**社会保険料**です。税金とは目的も使い方も異なるものなので、両者の違いをしっかりと理解しておきましょう。

社会保険料とは、主に働いている人たちが納めるお金のことです。健康保険や介護保険、雇用保険などいくつか種類があって、自分の収入に応じた金額を毎月納めています。これを納めておくことで、日常で起こりえるあらゆるリスクに備えておこうというのが、社会保険の目的です。

例えば、君のお父さんがある日突然、交通事故にあってしまったとしましょう。大ケガをして手術をすることになり、会社もしばらく休まなければいけなくなりました。手術をして入院するとなれば、それなりのお金が必要になります。また、会社を長期間休むとなれば、お給料も減らされてしまうかもしれません。

こうしたときに、社会保険料を払っておけば、病院の治療代をかなり安く抑(おさ)えることができます。また、会社を休むことになっても、休養中の家族の生活を金銭面でサポートしてくれます。**病気やケガ、年をとって介護が必要になったときなど、ピンチのときにも生活を支えてくれるのが、社会保険制度というしくみ**です。

税金と社会保険は、そのしくみからして大きく違います。**税金は**

国や地方自治体の財源として納めるものですが、社会保険料はみんなから集めたお金がそのまま、困っている誰かの助けになるというしくみです。

例えば、今の日本では、病気やケガで病院で治療を受けた際、治療費は3割の支払いですみます。残りの7割は、みんなから集めた社会保険料から支払われるため、かなり安く治療を受けることができるのです。これは実は、世界から見れば、決して当たり前のことではありません。

図9 社会保険の種類

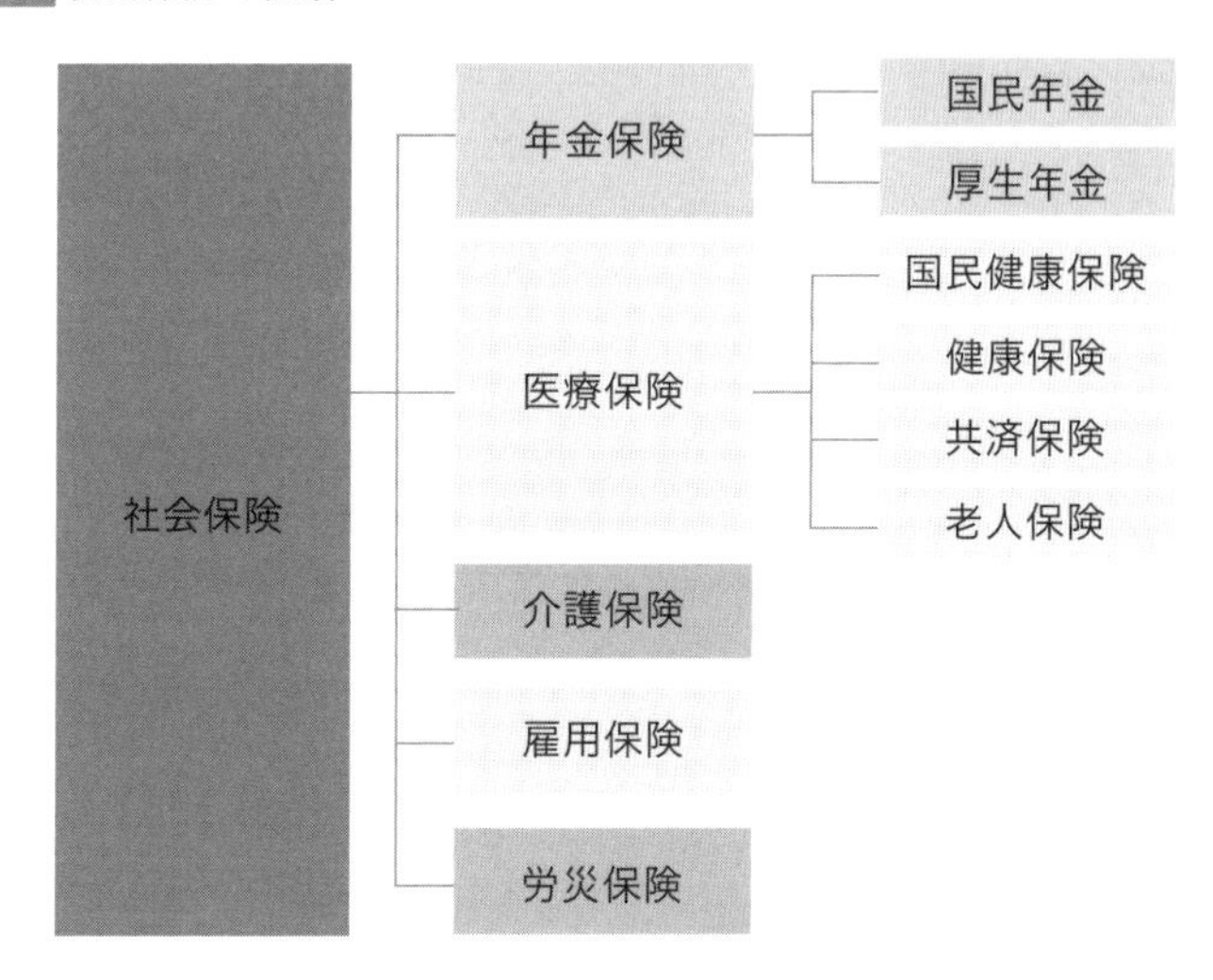

アメリカを例に挙げましょう。アメリカにも社会保険料はありますが、治療費が割引になるのは65歳以上の高齢者や障害者、低所得者などに限定されています。日本は「病気になったらみんなで助け合おう」という考え方で保険が成立していますが、「病気になっても自己責任」というのがアメリカの考え方なんですね。

なので、現役世代の医療費がとんでもなく高い。病院に行って治療を受けると、日本では考えられないほど高額な治療費を請求されるので、「ちょっと体調が悪い」「風邪を引いたかも」くらいでは病院に行かないのが普通です。アメリカだけではなく、ヨーロッパや南米、アジアなど、世界中にそうした国はたくさんあります。

具合が悪いと思ったらすぐお医者さんに診(み)てもらえるのは、日本に社会保険というしくみがあるからこそ。その根底には、**赤ちゃんからお年寄りまで、みんなで支え合おうという日本ならではの社会保障の考え方がある**からなんです。

今の日本では、税金を納めてもご褒美がない

税金も社会保険料も、自分たちのために納めているもの。それなら何の不満もないはずなのに、多くの人たちが、「税金が高い」「できれば払いたくない」と、ネガティブな気持ちを抱いています。

これっておかしいと思いませんか？

自分たちの暮らしをよくするために納めているお金なのに、なぜ多くの人たちが「損をしている」と感じてしまうのでしょうか。それは、**今の日本では、私たちが支払った税金や保険料に値する十分**

な恩恵を受けられないからです。

私たちが納める税金の金額は、年々増え続けています。例えば消費税。日本で初めて消費税が導入されたのは1989年のことで、当時は3%でした。1997年に5%になり、2014年には8%、2019年には10%になって、今にいたります。

社会保険料に関しても、健康保険料や介護保険料などが、年々値上がりしている状態です。いざというときに自分たちを守ってくれるものとわかってはいても、毎月の支払いとなると、値上げの負担はなかなかに大きいものです。

「国民負担率」という言葉があります。これは、自分の収入の中で、税金や保険料の支払いがどのくらいの割合かを表すものです。私が子どもの頃は、国民負担率は約2割でした。ところが今や、47・5%(2022年度)。なんと、給料の半分くらいのお金を、税

図10 国民負担率の国際比較(OECD加盟36カ国)

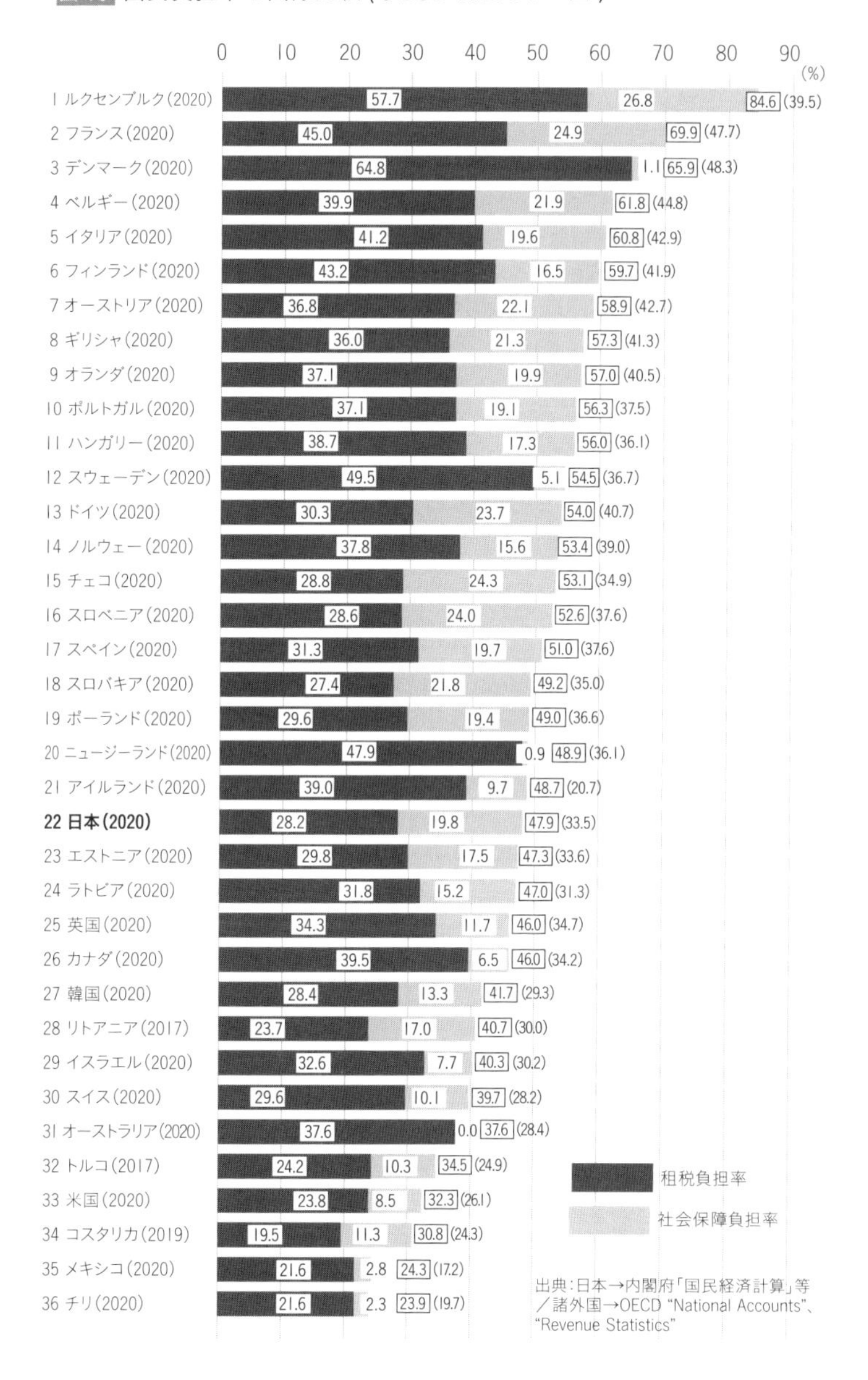

出典:日本→内閣府「国民経済計算」等／諸外国→OECD “National Accounts”、“Revenue Statistics”

金や保険料の支払いに持っていかれているのです。

もっとも、世界的に見れば、これは決して高い数字ではありません。イギリスやドイツ、フランスなどのヨーロッパは軒並み5割以上で、税金や保険料にそれなりの金額を納めるのは当たり前という感覚です。それによって生活が豊かになり、最低限の暮らしが保障されているという実感が、国民にあるからでしょう。

では、税金や保険料が高くなって、私たちの生活は豊かになったでしょうか?

答えはノーです。

高い税金を払っているのに、暮らしはちっともよくならないどころか、年々苦しくなっている。

国民負担率が5割以上のヨーロッパの国々では、一方で、毎月の給料も上がり続けています。国によっては、ここ30年間で、国民の収入が2倍にも3倍にも増えているところもあります。税金や保険料で支払うお金も大きいけど、仕事で得るお金も大きいということです。

　ところが日本は、税金や保険料は値上がりしても、給料が上がることがほとんどありません。例えば、過去30年のデータを見てみると、先進国のほとんどの平均年収が上がっている中で、日本だけが横ばいです。**先進国の中では唯一日本だけが、経済成長をすることなく安い給料で働き続けている。**そのうえ国民負担率5割を強いられているという、極めて過酷な状況です。

図11 主要国の賃金上昇率（1995年～2021年）

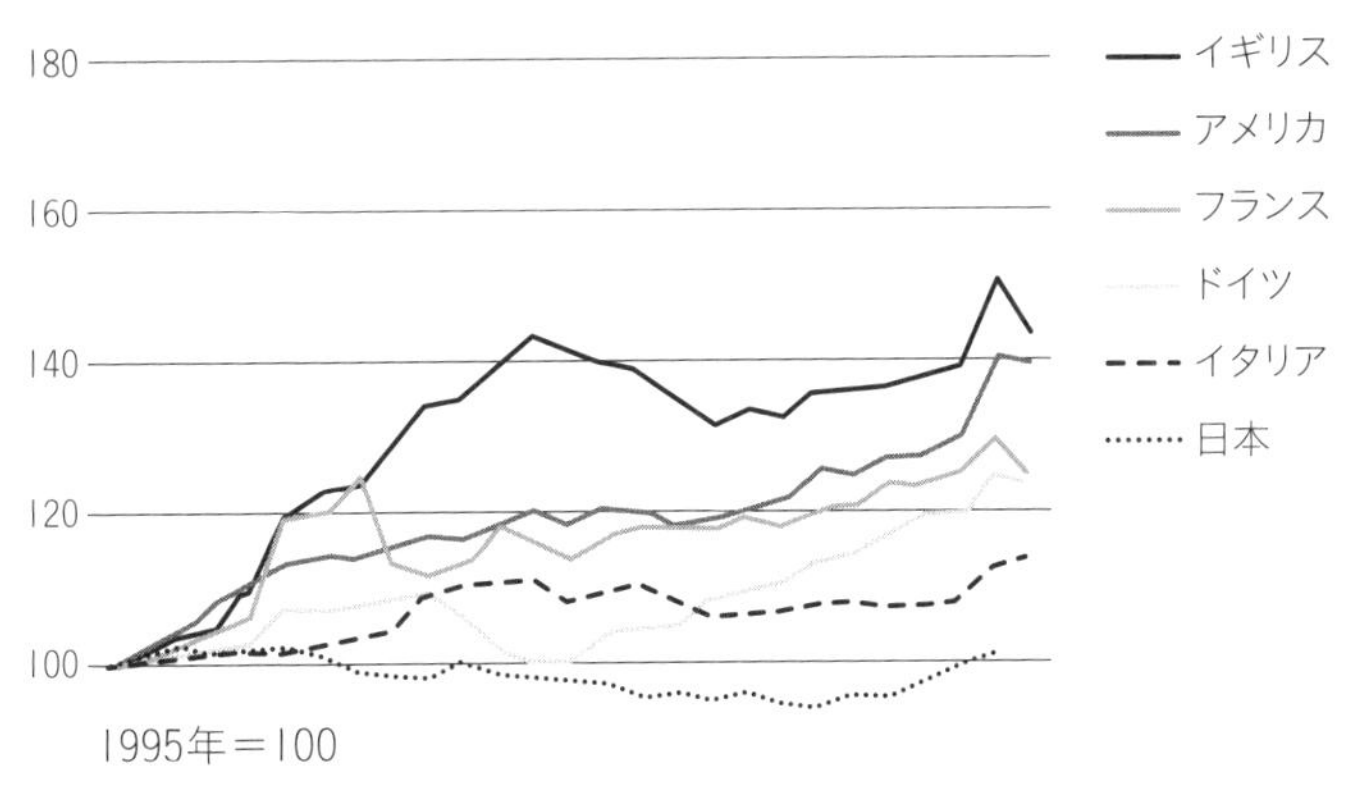

財務省と厚労省からのダブルパンチを受ける国民

こうして見ると、なぜこのような状況で、税金や社会保険料が値上がりするのか不思議ですよね。いろいろな理由がありますが、一つには、財務省と厚生労働省（厚労省）の値上げ争いがあります。

ここからはちょっと〝大人の話〟になりますが、あくまで私の個人的な意見として、参考までに読んでみてください。

中央省庁の中でも、**税金を管理しているのは財務省、社会保険料**

を管理しているのは厚労省にあたります。で、財務省と厚労省って、めちゃくちゃ仲が悪いんです。

どちらも、自分たちの財源、つまり、自分たちが自由に使えるお金を増やしたいという目的があります。そのために、財務省はとにかく税金を上げたい。中でも手早く上げられるのが消費税なので、まずは消費税を導入し、税率をどんどん上げていきました。

一方で、厚労省も、財源を増やすために国民から保険料を徴収したい。だから、日本には世界的にも珍しいほど、いろいろな種類の保険があります。

財務省からすると、厚労省が保険料を集めるのが面白くない。自分たちは政治で動くお金をすべて管理しているという自負（じふ）があるので、ほかの省がお金を管理するのは筋違いだと思っています。

一方で厚労省は、財務省は「国民のことを考えていない」と思っています。自分たちは社会保険というしくみで国民を守っているという自負があるから、保険制度を積極的に取り入れ、保険料の値上げにも躊躇しません。

お互いがお互いの正義のために闘っていて、その結果、国民が負担を強いられているという構図です。財務省と厚労省の意地の張り合いに国民が巻き込まれ、税金と保険料というダブルパンチを食らっている。そんな状況です。

問題なのは、**財務省と厚労省という日本で最も大きな組織の人たちが、国民のことをちっとも見ていない**ということ。厳密に言えば、本人たちは「国民のため」と思って実践していることが、結果的に増税になり、社会保険料の値上げになり、国民を苦しめているのです。

そして、それを知りながらも、決して動こうとしないナマケモノのような政治家たち。今の日本の行政は、彼らで成り立っていると言っても過言ではありません。

政治は常に他人事。革命未体験な私たち

ただ、こうした事実を目の当たりにしても、「日本ってヤバい状況なんだ。でも、誰かが何とかしてくれるだろう」と、他人事のように考えてしまうのが日本人の特徴です。

ひょっとしたら、今これを読んでいる君も、そんなふうに思ったかもしれません。残念ながら大人でも、日本の現状には無関心な人が多いのが現実です。

個人的な意見ですが、日本人のこうした他人事の意識は、歴史から来るものだと思っています。

日本は今までの歴史の中で、民衆が自分たちの手で社会を変えたという成功体験を持っていません。 世の中をひっくり返すような、大きな「革命」を経験したことがないのです。

日本史の授業で習ったと思いますが、日本の歴史は基本的に、天皇や武士が国土を支配した時代が長く続きました。明治維新(いしん)で少しだけ革命っぽいことが起こりましたが、貴族や武士といったそれなりの階級の人たちがクーデターを起こしただけで、民衆が社会を変えたわけではありません。

だから今でも、「上の人に頼る」という意識が抜けません。税金にしても、文句は言うけれど、デモを起こしたりして自分たちが変えようというガッツがある人はほとんどいません。江戸時代にあった年貢(ねんぐ)の感覚がまだあるのか、**「税金＝エラい人に納め続けるもの**

=自分たちには返ってこない」という意識が強いのです。

一方で、諸外国の歴史は革命の連続です。民衆が起こした革命によって、国家をゼロから作り変えた史実がいくつも存在します。だから、文化として、自分たちが政治に関わっているという意識がものすごく強いんです。

例えばヨーロッパでは、中学生になると、自分たちが暮らす社会のしくみや政治、税金のことを学びます。社会をよりよくしていくためにはどうしたらいいかを、比較的早い年齢の頃から考える環境があるわけです。

税金に対しても、考え方が日本と随分違います。日本のように「税金は安い方がいい」という考え方は一般的でなく、「**税金で安心を買っている**」という意識が強い。仮に政府が減税を発表すれば、「税金を下げて政治家が怠ける気か！」という反対デモが起こるほどです。

日本人からすれば信じられない光景かもしれませんが、これこそが本来の民主主義の在り方と言えます。

日本人は、革命未経験、年貢制度という長い歴史の中で、税金を含めて政治への関わり方が、ちょっと麻痺（まひ）しちゃっている感じがします。

まずは、**何のために税金を納めるのかを理解すること**。そのうえで、今の日本の現状を把握して、「これはおかしい！」と声を上げるマインドを持たなければいけません。

減税は正義？ 増税は悪？ 正解は時代によって違う

財務省と厚労省が躍起になって税金や社会保険料を値上げしている状況で、私たちの生活はまったくラクにならない。給料も上がることなく、30年以上も経済が停滞している今の日本。

それでは、私たちが納めたお金はどこに消えているのでしょうか。

ぶっちゃけた話、汚い政治家や官僚が、私利私欲のために使っていることは否定しません。でも、本質的な問題は、税金などで集めたお金を、政治家が有効利用できていない点にあります。

多くの政治家が「経済が国民を豊かにする」と勘違いをしています。経済が回り、景気がよくなれば、国民の生活もラクになると思っているのです。でも、今の時代においては、これはまったく逆の発想。**まずは「政治家が国民を豊かにする」ことから始まって、国民の生活が豊かになれば、経済も自然に回っていく**のです。

この順番を勘違いしているから、政策も的外れなものになっています。例えば、今の日本では法人税が減税されています。法人税とは、会社や企業に課税される税金のこと。会社が納める税金が減っているので、会社の利益は増え、企業として成長していきます。

では、法人税を減税した分の穴埋めをどうするのか。それをまかなっているのが、消費税の増税です。つまり、会社という大きな組織の成長のために、国民一人ひとりのお金が犠牲になっているのがリアルな実態。国民にとってはとんでもなく不平等な税制がまかり通っているわけです。

ただし、法人税の減税が、必ずしも間違っているとは限りません。企業が払う税金が減れば、その分、会社の設備にお金をかけたり、従業員の給料を上げたり、あるいは海外企業からの投資を受けることで、大きな会社に成長できるからです。そうして企業が豊かになれば、経済が回り、景気もよくなるだろう……こういう考えで法人税は下げられてきました。

ところが、実際はどうでしょうか。図12のグラフを見ると、消費税を導入した1989年から、それを補うように法人税が下がっています。一方で、IMF（国際通貨基金）が出している『世界競争力年鑑』によると、1992年まで1位だった日本企業の競争力は、年々順位を落とし、2023年は過去最低の35位です。

なぜ、法人税を下げているのに、企業の競争率が下がっている……つまり、会社として成長できず、景気が悪いままという状態に陥ってしまっているのでしょうか。それは、企業が余ったお金を使わず、そのまま内部にため込んでいるからです。これを「内部留保（りゅうほ）」と言います。

もっとも、内部留保は悪いことではありません。景気が悪い今の時代なら、使わずに会社の資産として貯めておきたい気持ちもわかります。

だからこそ、今の時代は、国は企業ではなく国民に目を向け、国民負担を軽くしなければならない。**時代を見極め、優先順位を見誤らないようにすることが大切**なのです。

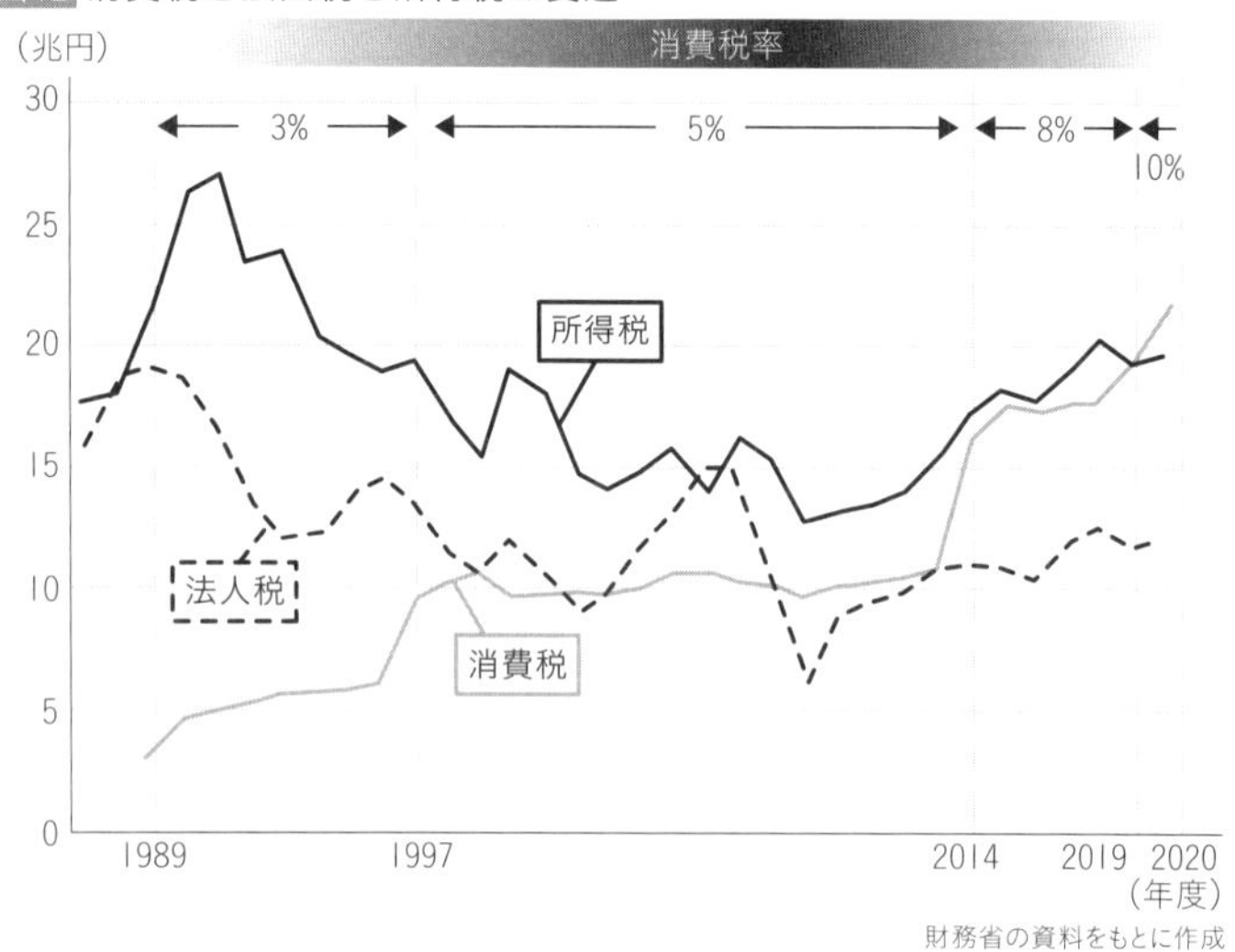

図12 消費税と法人税と所得税の変遷

財務省の資料をもとに作成

予算についての考え方「マスト・ベター・メイ・ドント」

「予算がありません」「財源がありません」

……これ、政治家がよく言うセリフのランキング上位に入るんちゃうかな。君もニュースなどで耳にしたことがあるかもしれません。政治家はよく、「お金がない」ことを理由にいろいろな言い訳をします。

でも、私たちからこれだけ税金をとっておいて、「お金がない」はずはないんです。**断言します。お金は絶対にあります。**あるお金をよくないことに使ったり、優先順位を間違えたりして、無駄に浪費しているだけなのです。たった今お話しした、消費税を増税して法人税を減税したのも、優先順位を間違えた政策の一つですね。

ここで、私が実際に実践してきた予算の考え方について紹介しましょう。何に予算を使うか、または何に使わないか。その基準を4つの項目に分けてみました。

①ドント（don't）………してはいけないこと
②メイ（may）…………してもしなくてもいいこと
③ベター（better）………した方がいいこと
④マスト（must）………しなければいけないこと

①ドント

これはわかりやすいですね。やってはいけないこと。誰かの私利私欲のためにお金を使うなど、政治家として絶対にしてはいけないことに、予算を割いてはいけません。

②メイ

してもしなくてもどっちでもいいこと。**悪いことじゃないけど、それってやらなきゃいけないの？という事業。**今の日本の政策で意外と多いのが、この「メイ」のカテゴリです。

例えば、明石市では、商店街の空きスペースにお店を出したら、市から500万円の補助金が出るという制度を実施していました。でも、私が市長に就任して、この制度をやめました。意味がないとは言いませんが、この補助金制度のように、「長年やってきたから」という理由だけで続けている政策は思いのほか多いです。

以前の明石市は財源に余裕がなかったので、「メイ」にカテゴライズされるものは、すべてカットしました。**財政に余裕がない今、国の予算も、「メイ」は全部カットすべき**だと思います。

③ベター

した方がいいこと。ハッキリ言って、**今の政策はこの「ベター」だらけ**です。例えば、道路工事などを請け負う公共事業は、まさに「ベター」に属するものばかり。歩道は広ければ広い方がいいし、建物は狭いより広い方がいい。公共施設は汚いよりキレイな方がいいし、公園も少ないよりは多い方がいい。何だって「ベター」に置き換えられるので、公共事業を完璧にやろうと思ったら、予算がいくらあっても足りません。

そこで私は、「ベター」にカテゴライズされるものに対しては、3つの観点で整理していました。

・代替性（ほかのやり方はないか？）

以前の明石市では、市内全域の下水道工事に600億円の予算が計算されていました。その目的は、100年に一度起きるか起きないかのゲリラ豪雨で、床下浸水が懸念される民家10軒の安全性を確保するため。ちょっと待ってください。その10軒のお家の床下浸水を防ぐために、明石市全域の下水道工事をする必要がありますか？

しかも、100年に一度、起きるかどうかわからないゲリラ豪雨のために。あまりにも不合理な話だったので、床下浸水が懸念される民家周辺を重点的に工事することにし、予算も600億円から150億円まで減らしました。これが代替性です。

・緊急性（今すぐに必要か？）

これも実際にあった話。ある日、市の公共施設の担当職員から、「エレベーターの修理に予算を割いてほしい」と相談がありました。「壊れてるんか？」と聞くと、「壊れてはいないが、部品の保証期間が10年だから、そろそろ機械を交換したい」と言います。「止まったら修理すればいいから、今はそのままで」と返すと、「止まってからでは市民が怒ります」と言う。

ちなみに、その場所にはエレベーターが3基設置されているので、1基止まっても何の問題もないはずです。それでもなかなか職員が引かないので、「もし市民が怒ったら、私がおんぶして階段を上がるから大丈夫や！」と言って、予算を一切つけませんでした。結局そのエレベーターは、今も問題もなく稼働(かどう)しています。

市の職員の多くは、問題が起きることを過剰に嫌う〝ことなかれ主義者〟です。このケースでは、何よりも市民から「エレベーターに乗れない！」というクレームが来ることを恐れて、壊れてもいないエレベーターを修理しようとする。そうやって余分な税金が使われていくわけです。

・コストバランス（その金額で大丈夫か？）

突然ですが、消防車っていくらかかると思いますか？　ある日、私が予算をチェックしていると、消防車の項目が目にとまりました。「消防車って2000万円もするの？」と近くにいた職員に聞くと、「市長、桁(けた)が一つ違います」と言う。よく見ると、消防車1

台に2億円もかかっていたんです。これには目玉が飛び出ました。

消防車の中でもはしご車は高額らしいのですが、それにしても、2億円もかかるものなのか？　探せば、もっと安いはしご車があるのではないか？　いろいろな疑問が浮かびましたが、担当職員は「2億円が妥当です」の一点張り。消防車の価格はそもそも妥当なのか、それを深掘りすることなく、以前と同じ流れで2億円もの消防車が税金からまかなわれていたのです。

このように、地方自治体の役所をはじめとする政治の世界では、一般的には考えられないレベルの非常識がまかり通っています。まだ若い君だって、ここで紹介したやりとりが、いかにおかしいことかわかるでしょう。こんなバカなことを、大人である政治家は平然とやってのけている。それを一つひとつ、「それ、おかしいやろ！」とツッコんでいく作業もまた、予算の振り分けの重要な作業なのです、残念ながら。

今の時代の「マスト」は子ども政策にお金をかけること

④マスト

最後に、しなければいけないこと「マスト」についてお話しします。実はこれが、一番大切なこと。繰り返しますが、税金は安ければいいというものでもない。必要な分を納めて、必要なことにきちんと使うのがスジというものです。

じゃあ今、その「必要なこと＝マスト」って何なんだろう？

ここが大事な政治のテーマです。

結論から言ってしまうと、今の日本においては、**子どもたちや君のような若い人たちにお金を使うことが一番重要**だと思っています。だからこそ、私が市長だった頃には、子ども政策に真っ先に取り組みました。

ではなぜ今、それが求められているのでしょうか。

ひと昔前の日本は、大家族社会でした。きょうだいが4人も5人もいて、お祖父ちゃんやお祖母ちゃんも一緒に住むのが当たり前だったし、近所の人たちとのコミュニケーションも盛んでした。私が子どもの頃なんかは、「今日は仕事でお父ちゃんもお母ちゃんも家にいないから、ちょっとお隣さんに子ども見といてもらうわ！」というのが日常茶飯事だったんですね。

でも今は、いわゆる「核家族」が大半を占めます。子どもはだいたい一人っ子や二人が多くて、お祖父ちゃんやお祖母ちゃんは別の場所に住んでいるというケースです。また、ご近所さんとの付き合いも減ってきている。都会のマンションに住んでいれば、「お隣さんの顔も知らない」という人も、少なくないと思います。

こういう環境においては、地域レベルで人と人が支え合うことが難しくなってきています。例えば、両親が共働きなら、仕事に行っている間、子どもの面倒は誰が見ますか？　お祖父ちゃんやお祖母ちゃんは遠くに住んでいるし、顔も知らないご近所さんにも頼めない。必然と、保育園や子どもの一時預かりのような施設が必要になってくるわけで、その整備をするのが行政の仕事です。

昨今のニュースを騒がせている子どもの虐待問題もそうです。昔だったら、ご近所さん同士が仲良しだったので、虐待を含む家族内の問題も、みんなで解決しようという雰囲気がありました。でも今は、お隣の家族が、どんな様子かまったくわからない。たとえ子どもが虐待されていたとしても、それを知るすべもなければ、救うすべもありません。

だからこそ行政が介入して、児童相談所を作ったり、子ども食堂を運営したりします。子育てに悩むお母さんやお父さん、親とうまくいかない子どもたちのセーフティネットを作って、行政が積極的に関わりを持っていく。子育てを家族だけで完結させるのではなくて、行政を通じて、地域全体で支えていくイメージです。

そのうえで、子育てをする家族の生活面のサポートも、しっかりと行います。虐待問題で必ず取り上げられる「子どもの貧困」というテーマがありますが、貧困なのは子どもだけじゃない。その親、その家庭自体が貧しいところに問題があります。だから、子どもの医療費や給食費を無料にしたり、親子で遊べる無料の施設を駅前に作ったりして、経済的にも子育てしやすい環境を整えていきます。

ドント、メイ、ベターで削減した予算を使って、マストの政策を実現していく。このやり方で、私は明石市で、多くの子ども政策を実施していきました。

「お金」の話からは少しそれますが、今、なぜ子ども政策が大切なのかを、もう少し補足させてください。

少子化という言葉を聞いたことがありますか?

簡単に言うと、一定数の人口を維持するのに必要な子どもの数の水準を下回っている状態のことです。今、いろいろな理由で、世界的に子どもの数が減っています。子どもの数が減ると、当然、人口がどんどん少なくなります。そうすると、いろいろな物を作ったり、それを買ったりする人が減り、**経済や社会が衰えていってしまう**。この問題を少子化問題と言います。

少子化問題は世界的に深刻で、あらゆる国で対策が行われています。特に北欧諸国やフランスは少子化対策が進んでおり、子どものいる家族への支援が充実しています。それだけでなく、学費が無料だったり、育児休暇制度が浸透していたりと、子育てしやすい環境が高度に整備されています。こうした政策のおかげで、いくつかの国は、少子化に歯止めがかかっています。

一方の日本はと言うと、いまだ対策がなされていないのが現状です。今でこそ各政党が少子化をテーマに語り出しはしましたが、与党はずっと、子どもよりも高齢者を優遇していました。高齢者の方が人口が多いため、次の選挙で勝ちやすいからです。

その結果、どうでしょう。これまで述べてきたように、**ここ30年間の成長はなく、社会や経済が衰え続けています。**加えて、子育て層への支援はほとんどなく、子どもの出産にも教育にも多額のお金がかかる。これが現実です。

だからこそ私は、国としてこの少子化対策に力を入れなければいけない時期にきていると思っています。

何よりもまず子育て層をケアし、お金を配り、安心感を与える。

これこそが、日本の経済を立て直すためにも、まずやらなければいけない「マスト」のことなのです。

3日目のおさらい

- 税金は暮らしを豊かにするうえで必要なもの
- 病気になったときに肩代わりしてくれるのが保険という制度
- 税金を払っても自分たちに還元されないし、税金と保険料を合わせた「国民負担率」が今はとても大きくなっている
- 海外でも同じように税金や保険料をとっているが、賃金が上がっているのに対し、日本はここ30年間賃金が上がらず景気も悪い
- 「経済を強くし国民生活を豊かにする」のではなく、「国民を豊かにし、経済を回す」
- 予算を考えるときは「マスト」「ベター」「メイ」「ドント」を意識する
- 今「マスト」の政策は、国民を豊かにすること。そのためにも子ども政策にお金を使うことが大事

4日目

政治家になるために
まずは選挙に出よう

誰でも一人一票、だから選挙はとても美しい制度

政治家と言えば選挙。選挙と言えば政治家です。

政治家はすべて、選挙で国民によって選ばれた人たちです。

その一票は、私たちが未来のために投じるもの。でも残念ながら、日本人、とりわけ若い人たちは、選挙にあまり関心がないようです。

みなさん、選挙に行きましょう！

……とは言いにくい状況です。だって今の選挙は、投票したいと思う魅力的な候補者がいませんから。若い人たちが無関心で、選挙に行かない気持ちもわからないでもありません。

そこで発想を転換します。まず、君が選挙の立候補者になりましょう。私たちの未来のために選挙に勝つにはどうすればいいか。ここでは、そのための方法をご紹介します。これを読んで、君が少しでも選挙に興味を持ったり、「つまらない」と感じていた選挙のイメージが変わってくれたら幸いです。

まず伝えたいのは**「選挙という制度はとても美しいものである」**ということです。

どんな人も、一定の年齢になれば、政治家として立候補できる。育ちも学歴も関係ありません。貧乏漁師の家庭出身の私が市長になれたくらいですから、誰にだって、政治家になって社会を変えられる可能性があるわけです。

そして**どんな人も、18歳以上になれば、一人一票の投票権を持っている。**お金持ちも貧乏人も、フリーターも正社員も、男も女も、みんな同じ価値の一票を持っています。そんな選挙はとても平等で、可能性に満ちた制度だと思いませんか。

この本の「1日目」で少し触れましたが、日本で初めて選挙が行われたのは、1890年のこと。このとき投票権があったのは、「満25歳以上の、直接国税を15円（今で言うと約1300万

図13 選挙に立候補できる年齢（被選挙権）

国	衆議院議員	満25歳以上	
	参議院議員	満30歳以上	
都道府県	知事	満30歳以上	
	都道府県議会議員	満25歳以上	※その都道府県の選挙権があることが条件
市区町村	市区町村長	満25歳以上	
	市区町村議会議員	満25歳以上	※その市区町村の選挙権があることが条件

日本国民以外は立候補できません

円）以上納めている男子」に限られていました。その数は、人口のわずか1％ほど。政治家は税金の使い道を決める人たちであって、その政治家は、一定の税金を納めている人が選べばよいという考え方だったのでしょう。

1925年には、税金を納めている・いないに関わらず、すべての満25歳以上の男性に選挙権が与えられました。そして終戦の1945年、ようやく女性にも参政権が認められ、満20歳以上の男女が投票できるようになりました。

2016年には選挙権年齢が18歳に引き下げられ、さらに多くの若者が選挙に参加できるようになっています。

選挙の歴史を振り返れば、**みんなが平等な一票を持てるようになったのは、実は意外と最近のこと**。すべての人が自由に選挙に参加できることは、決して当たり前のことではないんです。

お金がないと政治家になれない？50万円あれば立候補できる

選挙に関してもう一つ伝えたいこと。

それは、**選挙はお金がなくても立候補できるし、お金がなくても勝てる**ということです。

投票に関心がない人の中には、選挙にマイナスのイメージを抱いている人も多いかもしれません。

「選挙って、裏金で当選してるんでしょ？」

「お金をバラまけば勝てるんでしょ」

……これ、完全なる誤解です。

正確に言えば、半分は正解かもしれません。仲のいい団体にお金を配って票集めをしたり、「当選したら悪いようにしないから」と自分への投票をお願いしたりする人は、残念ながら、少なからず存在します。

でも、そうして当選したところで、それが後のしがらみとなって、結局、政治家としては悪い方向へ進んでしまうことがほとんどです。自分で自分の首を絞めているのと同じことだと、私は思います。

そんなことをしなくても、最低限のお金さえあれば、誰でも立候補できます。**選挙にかかる最低限のお金とは、広報の費用と人件費。**これだけです。ポスターを作るお金や選挙カーにかかるガソリン代などは、ある程度は税金でまかなわれ、行政から経費として支給されるので必要ではありません。

選挙期間になると、家のポストに候補者のチラシが入っていることがあるでしょう。有権者に自分の主張を伝えるためにも、チラシは作っておいた方がいい。あれを10万枚刷るなら、かかる費用はざっと50万円くらい。それを郵送しないで、ボランティアの人たちにポスティングしてもらえば、郵送費も人件費もゼロになります。理論上で言えば、だいたい50万円くらいあれば、立候補できてしまうわけです。実際に、２０２３年4月の明石市の選挙に総額50万円ちょっとで立候補して、当選した市議会議員もいます。

もっとも、今はＳＮＳや動画配信を活用して、有権者にＰＲできる時代です。すでに多くの政治家が、Ｘ（Ｔｗｉｔｔｅｒ）やＹｏｕＴｕｂｅを使って自分の主張を発信し、有権者と直接やりとりをしています。

今後はおそらく、チラシなどではなくて、**インターネットを活用した選挙活動が主流になっていく**でしょう。そうなればいよいよ、選挙に０円で出馬（しゅつば）できるようになるかもしれません。

そういう意味では、今は個人の力が強い時代です。

例えば、歌手の藤井風（かぜ）さんは、ＹｏｕＴｕｂｅで配信したピアノ演奏が話題を呼び、今や押しも押されもせぬ人気アーティストになりましたよね。藤井さんだけではなく、ネット発信で有名になった人はたくさんいます。

ひと昔前なら、歌手として成功するには、どこか大きな音楽事務所に所属しなければいけませんでした。そこに所属して、ＣＭやドラマなどで音楽を流してもらったり、ＣＤという形で販売しなければ、誰にも自分の音楽を聴いてもらえませんでした。

でも、今は違います。インターネットをうまく活用すれば、個人の力だけで一流アーティストになることが可能な時代です。それはまた、近い未来の政治家にも当てはまることかもしれません。

たとえ無所属（自民党などの党に所属しない）でも、知名度も人脈もなくても、ＳＮＳなどのツールや自身のウェブサイトを通じて、自分の主張を世の中に発信することができる。そこで一定程度の人気を集めれば、個人の力で選挙に出馬することだって可能になるでしょう。

SNSでの個人発信については私のようなおじさんよりも、君たちの方がより日常的に活用していると思うので、古い慣習に流されず、今の当たり前の方法をどんどん使っていくといいですね。

選挙に出るのに、驚くような大金はいらない。
人脈も知名度も必要ない。

でも、勝つためには、絶対に必要なものがあります。
藤井風さんが一流のアーティストとして有名になったのは、類まれなる音楽の技術とセンスがあったからです。同じように、政治家になるためには、中身が伴っていないといけません。

選挙に勝つために必要なもの。それは、語る言葉です。

選挙で最も大切なのは「語る言葉があるかどうか」

私が親に初めて「政治家になりたい」と言ったのは、22歳の頃でした。大学卒業後の進路について話していたときのことです。

親はいつも、私がやりたいことすべてに協力的でした。ところが「政治家になる」と言ったこのときだけ、父親が初めて、私に反対したのです。

「お前の夢を叶えてやりたいけど、政治家は無理や。わしには金もないし人脈もない。お前を選挙に出したくても、そんな金はどこにもない」
「金なんかいらん。この口があるやないか。語る言葉があれば、人はわかってくれるはずや」

このとき父親に言ったこの言葉は、今も常に私の心にあります。最初にお話しした通り、私には障害を持つ弟がいました。弟や、その家族である私たちに、明石市とそこに住む人々は冷たい態度でした。

涙がにじむほどに悔しい思いを何度もして、「政治家になって明石市を変えてやる」と心に誓ったのが10歳の頃。その気持ちを30年以上持ち続け、私が明石市の市長になったのは47歳のときです。**私には、「この街を変える」という本物の気持ちがありました。**

本物の気持ちで語る言葉は強いです。

お金や人脈なんかより、よっぽど強い。

恥ずかしい話ですが、私が演説で話すときには、泣いてしまうことがよくあります。弟のことや明石の街への思いを語ると、自然と涙がボロボロと出てきてしまうのです。

それを見た市民のみなさんは、「あ、この人、本気なんやな」と思う。「なんか暑苦しい人やけど、明石のことを本気で考えてくれてるんやな」と感じてくれる。妙に理路整然とした、上っ面だけの言葉じゃなく、本気で語られる芯(しん)のある言葉は、聞いてくれる人の心を動かすのです。

すると次の日、その演説を見た人が、違う誰かに「昨日演説してた泉さん、すごかったで」と、その様子を伝えてくれる。「ホンマに？　ちょっと行ってみるわ」と、演説を聞かなかった人が興味を持ってくれる。

それがどんどん広がれば、共感を生み、知名度につながり、貴重

な一票となって返ってきます。お金や人脈がなくても、マイク1本あれば、選挙で十分戦えるのです。

もっとも、地声が大きい私は、マイクすら不要かもしれませんが(笑)。

選挙は熱伝導です。

発信する人には、火の玉のような燃え盛る情熱があります。演説を聞いた人は、それに触発されて熱が出る。その熱が、演説の場にいなかった人にも伝わっていく。

この熱伝導が広がれば広がるほど、強い立候補者になっていきます。

「みなさん」ではなく「私たち」。演説で共感を勝ち取る

熱をいかに遠くまで伝えられるかは、語る言葉の誠実さ次第です。政治家が選挙カーで、「日本の平和を守ります」とか「税金を減らします」とか叫んだところで、誰の心に響きますか？　決まり文句を並べているだけでは、何のリアリティもありません。誰かが書いた原稿をそのまま読み上げているようで、聞いていても面白くありませんよね。

聴衆の心を動かすには、自分だけの言葉で語るべきです。それは

つまり、具体性とリアリティのある話をすること。減税を主張するなら、税金を減らして具体的にどんな人を助けたいのか、そう思ったきっかけは何だったのか。自分の体験も交えながら、本音トークをしなければいけません。

結局のところ、**選挙で一番大切なのは、市民の共感を得ること**です。「この人は本当に私たちの気持ちをわかってくれている」と思ってもらうために、有権者と同じ目線に立つところから選挙活動は始まります。

例えば、「みなさんの街をもっとよくしましょう」、これは間違い。自分も一緒によくしていくのだから、「みなさんの街」ではなく、「私たちの街」なんです。こんな言葉使いひとつで、聞く人の印象はだいぶ違ってきます。

街頭演説をするなら、自分の話をどんな人が聞いているのか、聴衆に目を向けて臨機応変に対応します。日中の駅前であれば、主婦の人がたくさんいるから子育ての話をするし、年齢層が高い市営住宅なら、高齢者向けの話をする。そういう意味では、同じ演説というものはありません。あらかじめ用意された原稿を読み、それを使いまわしているようではダメなのです。

かく言う私も、「今日の演説はイマイチやったなぁ」という日もあります。それは、うまく話せなかったというのではなく、伝えたいことと求められていることに微妙にズレがあって、100％の共感を得られなかったという失敗です。

サイレント・マジョリティ（「静かな大衆」という意味。積極的な発言行為をしない一般大衆のこと）という言葉がありますが、市民が何を感じ、何を求めているかの正解を導き出すのは簡単なことではありません。だからこそ、**選挙でお金や人脈に頼るのではなく、言葉という強い武器を持って、市民と同じ目線に立つよう努力することが大切なのだ**と感じています。

そういう意味で言えば、街のどこにでもいるようなお母さんが政治家として立候補するのも、一つの理想の形ではないでしょうか。

政治家と言うと、やたらピシッとしたスーツ姿のおっさんやおばちゃんばかりのイメージがあります。でも、**赤ちゃんをおんぶした普通のお母さんが、選挙カーで演説したっていい。**むしろ、一市民の代表として、リアリティのある政策を掲げてくれそうな気がします。

そしてそれは、決して不可能なことではありません。事実、2023年の明石市議会議員選挙では、絶賛子育て中のお父さんやお母さんが、市議会議員として立候補し、当選を果たしました。知名度のない、どこにでもいるような普通の市民が、多くの人々の共感を集めたのです。

今後どんな街づくりをしてくれるのか、楽しみでなりません。

支持者はたくさんいるはずなのに……投票率の落とし穴

繰り返しますが、お金や人脈がなくても、市民の共感を得て、市民を味方につけることができれば、選挙に勝てます。特定の団体にお金を配って票を集めても、市民の数の方が圧倒的に多いからです。冒頭で「誰でも一人一票、だから選挙はとても美しい制度」と言ったのは、そういう理由もあります。

でも実際の選挙は、もう少し複雑な数字のゲームです。

ここでは少しだけ、**選挙における投票数の話**をしましょう。

例えば、有権者が１００人いる村で、ＡさんとＢさんという２人の候補者がいたとしましょう。Ａさんは、１００人のうちの30人にお金を配って、票を入れてもらうよう約束をしました。Ｂさんは演説をがんばって、残り70人の共感を得ました。これで選挙をすれば、30対70の票数で、Ｂさんが当選することになります。

ところが、現実はそう簡単にはいきません。そこに投票率という問題があるからです。

投票権を持っているからといって、みんながみんな選挙に行くわけではありません。たとえいいなと思う候補者がいたとしても、用事があったり面倒くさいなと思ったりすれば、行かない人も出てくるわけです。

投票率はそのときどきによって違いますが、**だいたい４〜５割程度**と言われています。それを加味すると、１００人中70人がＢさんを応援していたとしても、実際に投票に行くのは4割ほど。70人の4割ですから、28票しか得られないことになります。

一方でAさんの方は、お金を配っているわけですから、最低でも9割の人はちゃんと投票してくれます。30人の9割は、27票。つまり、**70人対30人というダブルスコア以上の差で支持者を集めても、実際の選挙の結果は、1票差で辛勝という接戦になる可能性が高い**のです。

ちなみに、私の市長選挙がまさにコレでした。市民の7割が

図14「7割の法則」のイメージ

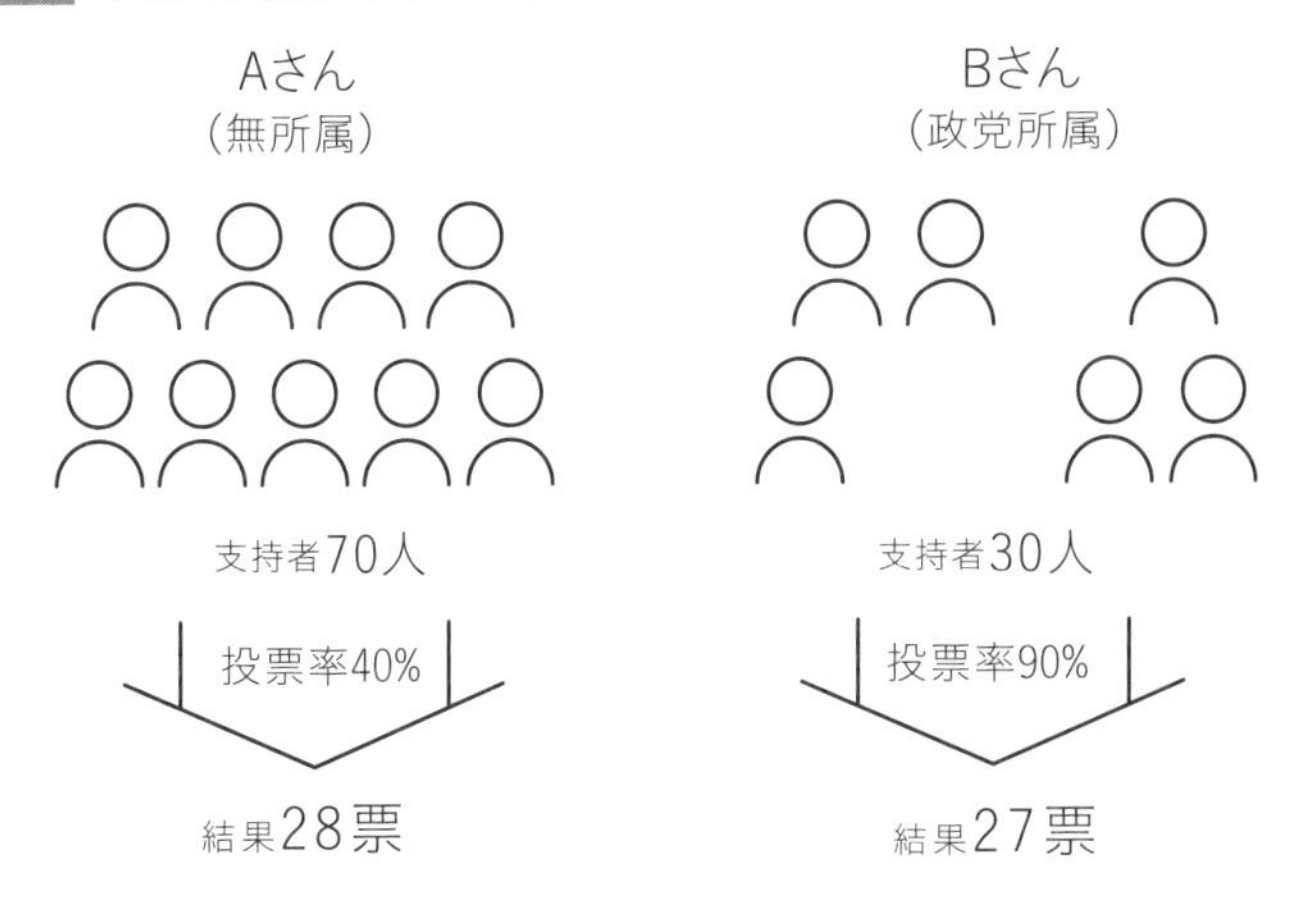

演説中の様子ではAさんが圧勝に見えるけれど、実際は僅差になる

私に賛同し、当選確実だと思っていたら、わずか69票差の勝利だったんです。

人口30万人の選挙ですから、超微差。本当にギリギリで勝てたわけです。

逆の言い方をすれば、**選挙は、7割の市民の賛同を得られれば勝てる**ということです。

私はこれを「**7割の法則**」と呼んでいます。

仮に投票率がもっと高ければ、勝利はもっと確実なものになるでしょう。私はいろいろなところで、市民を味方につければ選挙に勝てると言い続けていますが、決して理想論ではありません。投票率も加味した「7割」というのが、当選のリアリティなんです。

この割合を多いと思うか少ないと思うかは君次第ですが、サイレント・マジョリティが何を求めているかを的確にとらえられれば、十分に可能な数字です。

言わば選挙は「推し活」。推しがいなければ投票に行かない

そう考えると、やはり、投票率は選挙の結果に大きく影響してきます。自分たちの未来のためということもありますが、市民を頼りに、誠実に選挙に向き合っている候補者のためにも、自分の一票を有効に使うべきなのです。

とはいえ、冒頭でもお伝えした通り、私は今さら「選挙に行きましょう！」と言う気持ちはありません。選挙が近くなると、さまざまなメディアが一斉に「選挙に行こう」と騒ぎ立てますが、私はけっこう冷めた目で見ています。投票率が低いことについては昔から問題になっていますが、何年経っても上がらないまま。リアルな話、「選挙に行こう」と言えばみんなが行くほど簡単なことではなくて、問題はもっと別のところにあると思っています。それは、**そもそも投票したい人がいない**ということです。

市民が投票したいと思う魅力的な候補者とは、どんな人か。

これも繰り返しになりますが、やはり、市民の共感を集める人です。**市民の生活をリアルに想像し、自分事にできる人**と言ってもいい。

例えば私が市長に立候補したときは、子ども政策に力を入れることを方針の一つとして掲げていました。そのとき、なぜ子ども政策が必要なのか、その背景をうんざりするほど考えました。

子どもが寝静まった夜中のリビングで、夫婦が静かに話し合っている。

「2人目の子どもが欲しいけど、どうしようか」
「あの子にも弟や妹がいたらいいと思うけど、子ども2人を大学まで行かせるお金があるかしら」
「大学までと考えると、2人目は難しいかもしれないね……」
「お互い仕事があるから、面倒を見るのも大変だしね」

そういうことを話して、2人目、3人目の子どもをあきらめざるをえない夫婦の背景をリアルに想像するんです。そして現実的に、そういう夫婦はたくさんいます。

するとおのずと、やるべきことが見えてくる。中学生まで医療費を無料にしたり、保育園を無料にしたり、赤ちゃんのおむつを家まで届けるサービスがあったら喜ばれるのではないか。おむつを届ける職員は、必ず子育て経験のある女性にしよう。おむつを届けるついでにお母さんに育児の悩みを聞いたり、ちょっとした愚痴も聞いてあげる。そんな人が毎月やってくれれば、子育てで大変なお母さんの心の支えになるかもしれない。そんなアイデアを形にして、演説で訴えるのです。

結果どうなったか。そのときの市長選で、私に票を入れた30代の投票率は、9割を超えていました。今まで選挙に興味がなかった人たちも、「この人が市長になったら生活がよくなるかもしれない」という希望を持って、腰を上げてくれたわけです。

もう一つ、市民が投票したいと思う条件を付け加えるなら、**候補者のキャラクターや選挙そのものに、エンタメ要素があること**です。アメリカやヨーロッパでは、選挙期間になると、世間がお祭りのようなムードになります。魅力的な候補者が何人もいて、「私たちの未来を変える政治家が誕生する」というワクワク感があるから、選挙自体がエンタメのようになっているのです。

日本では、かつての小泉純一郎元首相は、非常にインパクトのある政治家でした。当時は与党である自民党の不祥事が続いていて、世の中に政治への不信感が溢（あふ）れていました。そんな中で彼が言った言葉は、「自民党をぶっ壊す」。小泉さんの政策については賛否両論ありますが、「自民党をぶっ壊す」という言葉に国民が熱狂し、政治に大きな関心が向いたのも確かです。

一方、私も、自分で言うのも何ですが、けっこう濃いキャラの持ち主です。演説ではすぐ泣くし、常に誰かとケンカしているし、何よりもまず口が悪い（失笑）。決して褒められたことではありませんが、「なんか、おもろいおっさんやな」と、このキャラクターだから興味を持ってくれた人もたくさんいます。

選挙はいわば、推し活です。

少し前のAKB48選抜総選挙のように、応援したい推しがいるから、人は投票をする。その一票でセンターが変わるかもというワクワク感が、選挙をいっそう盛り上げる。政治の選挙も同じことです。まずは市民が応援したいと思う候補者がいて、だからこそ市民が投票に行く。投票率を上げるためには、**「選挙に行こう！」と呼びかけるのではなく、求心力のある候補者を立てることを考えるべき**なのです。

そんな候補者に君がなってくれたら。そんな願いを込めて、私は今この本を書いています。

ちなみに、明石市の投票率は年々上がり続けています。私が市長に当選し、子ども政策が成功したことで、「私たちの一票で、ホンマに街を変えられるんや」という実感が市民に浸透したのです。私が市長を引退した今もなお、投票率は上がっています。

今はむしろ、「まともな政治家に投票しないと、せっかくよくなった生活が悪い方にいってしまう」という恐怖感もあるのだと思います。市民の政治への意識は、まっとうな政治家によって高められていくものなのだということを身にしみて感じました。

選挙は人生そのもの。その人の生きざまがそのまま表れる

つくづく、選挙とは、人生そのものだと思います。面白いくらいに、その人の生きざまがそのまま表れる。だから君も、もし大人になって選挙に出ようと思ったら、**今から「まっとうに生きる」ことを心がけておくといい**です。

私は小学生の頃から「明石市をやさしい街にする」と言い続けてきた人間です。大人になっても、近所の居酒屋で、「市長になったら……」という夢をよく語っていました。市長になる前は弁護士をやっていた時期もあって、明石市とは関係ないですが、困っている人たちを助けるために走りまわっていました。**そういう私の生き方が、いざ選挙のときに、大きな力になった**ことは間違いありません。

例えば、選挙の応援には、たくさんの同級生や近所の人たちが駆けつけてくれました。

「お前、ホンマに市長選に出馬するんやな！」

「夢やったもんな。応援するで」

そう言って、街頭で応援演説までしてくれた同級生もいたほどです。その応援演説は、今思い出しても笑ってしまいます。数名が私の横に並んでマイクリレーをするんですが、「えー、泉は本当に熱い人です。みなさんよろしくお願いします」「泉とは同級生で、ドッジボールが得意でした。以上」という、箸（はし）にも棒にもひっかからないようなことを言う（笑）。見ている人は頭に「？」マークが浮かんでいましたが、隣で聞いていた私は、苦笑しながらもうれしかったのを覚えています。

弁護士時代に出会った人々も、私のために立ち上がってくれた人がたくさんいました。私が弁護を担当した人、戸籍がなくて役所の手続きを手伝った人、ストーカー被害から守ってあげた人。そういう人たちが、何年経っても私のことを忘れないでいてくれて、「今度は私たちが助ける番だ」と走りまわってくれたのです。

昭和の古い作品で、『みなしごハッチ』というアニメがありました。ハッチという名前のミツバチが、幼い頃に離れ離れになってしまったお母さんを探すために、旅に出るところからストーリーが始まります。

旅の途中で、ハッチはいろいろな昆虫たちと出会います。困っている昆虫がいれば助け、出会いと別れを繰り返しながら、最終回ではとうとうお母さんの元にたどり着きます。

ところが、そこには強敵のスズメバチがいました。強いスズメバチに力ではかなわず、とうとうハッチがやられてしまうというときに、突如として現れたのは昆虫の大群です。よく見るとそれは、今までハッチが出会い、助けてきた昆虫たちでした。ミツバチの軍団や、弱いテントウムシまでもがみんな加勢して、ハッチとともに戦うというストーリーです。

選挙で応援に駆けつけてくれた大勢の知り合いを見て、私は思わず、小さい頃に見た『みなしごハッチ』の最終回を思い出しました。その人の生きざまは、いざというときに表れる。**勝負どころで手を差し伸べてくれる人がいるかどうかは、それまでをどう生きてきたかに集約される**のです。

選挙に出ると決まると、直前になっていきなり「いい人」になる人もたくさんいます。突然「国民のことを考えて……」とか「市民の権利を守る」とか言い出すんですが、私からすれば、「あんた、ちょっと前までお金儲けのことしか考えてなかったやん！」とツッコミを入れたくなるような人です。

志を持つのはいいことなのでそれが悪いとは言いませんが、政治家としては、やっぱり弱い。付け焼刃の志はもろいもので、ふとしたきっかけで化けの皮がはがれてしまいます。

加えて、そういう人は、当然のことながら周囲からの人望も薄いです。有権者から見ても、「なんかこの人、ウソくさいなぁ」というのがわかるのではないでしょうか。

この本を読んでいる君にはぜひ、**どこかに芯のある生き方をしてほしい**と思っています。

なにも、いい人になれと言っているのではありません。でも、少しでも政治家に興味があるのなら、身近な人の相談に乗ったり、ボランティアに参加してみたり、何かに貢献できることにチャレンジしてみるのもいいかもしれません。そこで感じたことを、自分のこれからの生き方にどう活かせるか、じっくり考えてみてください。

近い未来に、その経験が、君を助けることもあるかもしれません。

4日目のおさらい

- 選挙に必要なお金はだいたい50万円。SNSが主流になっている今なら0円で立候補も可能になるかも

- 選挙に出るときに必要なのは、語る言葉があるかどうか。言い換えれば、本気で街や国を変えたいという志を持っているかどうか

- 選挙で勝つためには「7割」の市民を惹(ひ)きつけること。たとえそれでも圧勝にはならないので注意

- 投票率が低いのは魅力的なキャラクターの人がいないから。だから、「選挙に行こう」ではなく「選挙に出よう」

- 演説には自分の人生そのものが表れる。選挙のときだけいい人になるのではなく、日々をまっとうに生きよう

5日目

政治家になるために必要な能力って？

情熱・判断力・責任。この3つを手に入れよう

この本の「4日目」の終わりに、選挙にはその人の生きざまが表れるという話をしました。

そこでこの章では、政治家になるために、どんな資質を持っておくべきかについて考えてみたいと思います。

「政治家に必要なのは、情熱と判断力と責任である」

これは、「2日目」でも紹介したマックス・ウェーバーの著書の一節で、私にとって指針とも言える言葉です。

政治家に必要な3つ、情熱と判断力と責任。まさにその通りだと思います。

政治家を志すときに、必ずあるのは情熱です。**情熱は「必要」というよりも、誰に言われるでもなく、自然と生まれるもの。**困っている人を助けたい、街をもっとよくしたいという願いがあるからこそ、人は政治家を目指します。私のように暑苦しい情熱がある人もいるでしょうし、静かな、でも確かにそこに灯(とも)っているような、ひっそりとした情熱をたずさえている人もいるでしょう。

でも、中には違う人もいる。有名になりたいとか、お金持ちになりたいとか、そういう理由で政治家になりたいと思う人もいます。それは情熱ではなく欲望です。

欲望も一種のパワーなので、全部が悪いとは言いません。ただ、私利私欲のために生きる人は周囲の信頼を失うし、何よりも、欲望は意外と弱いものです。

例えば、ピンチの状態に陥ったとき、どうしても心がめげそうになったとき、自分のためだけに生きている人は、そこで妥協してあきらめてしまう。でも、「ここでふんばらなきゃ、泣いているあの人を救えない」と思うと意外とがんばれるもので、想像以上のパワーを発揮できたりします。**人は意外と、「自分のため」よりも、「誰かのため」に生きた方が強かったりする**のです。

政治家に必要な資質の2つ目、判断力。

政治家の仕事は方針転換だとお話ししましたが、方針転換をするときに求められるものこそまさに、判断力でしょう。

私が言う「判断力」というのは、**自分の目で見て、自分の耳で聞き、自分の脳みそで考えること**です。「当たり前やん！」と思うかもしれませんが、できていない政治家の多いこと！「前向きに検討します」というセリフは政治家の常套句（じょうとうく）ですが、「検討」するだけして、「決断」までにいたらないのが、まさに日本の政治家あるあるです。

例えば、街の商店街のオヤジがテナント料を払えなくて困っていたら、支援の方法を考えてすぐに実行する。無駄なことに予算が費やされているなと感じたら、「これからはそこにお金を使うのをやめましょう」と決断する。目の前で起きていることに対して「こうすればいいのに」と思う気持ちに、素直に従えばいいのです。これこそが政治家の判断力でしょう。

「他の人から文句が出るから」「自分が責任を負えないから」「上の確認をとらないといけないから」「今までのやり方と違うから」……**多くの政治家が口にするこうした言い訳は、つまりは判断力のなさの表れ**なのです。

政治の世界に限らず、とりわけ今の時代は、個人の判断力が試される場面が多いと感じています。例えば、君がＳＮＳで誰かに「いいね」を押すときに、それは本当に君が「いいね」と感じていることでしょうか？　あるいは、ニュースのコメント欄の意見をそのまま「自分の意見だ」と勘違いすることはないですか？　君の思考は、君の意見は、本当に自分の脳みそで考えたことだと言い切れますか？

インターネットが手放せない今、情報に触れるには便利な時代になりました。一方で、自分で考え、自分の価値観で判断するという当たり前のことが難しい環境になったとも思います。これは大人にも、君のような若い人にも言えること。だからこそ、若い君は**今のうちから、自分の判断基準を大切にしてほしい**と思っています。

周囲の人やネットの意見に流されるのではなく、**「私はこう思う」という気持ちに自信を持つこと。**周りが「白」と言っているから「白」ではなく、「黒ではないか？」という疑問を持つ姿勢を大切にしてください。

判断力は、そうやって養われていきます。

夢や志で終わらない。それが政治家の「責任」の重さ

政治家に必要な資質の3つ目は「責任」です。
誰に対しての責任かわかりますか？
国民、あるいは市民への責任です。

少し厳しい言い方になりますが、政治家は、本当に責任が重い仕事です。市民に選ばれ、市民の税金を使って政策を行うわけですから、失敗は許されません。

政治家は、市民の不安を解消し、笑顔にするのが仕事です。決して大げさな物言いではなく、いろいろな人の人生を背負っているわけですから、「一か八か」のような政策は許されません。

私が市長だった頃、本当にたくさんの政策を実施し、いくつもの条例を作りました。でも、「一か八か」みたいなチャレンジは一つもありません。

私のこのキャラクターなので、「勢いでやってるんちゃうか?」と思われがちなのですが、実は意外と細かいところまで計算してやっているのです。

「予算は足りるか?」「リスクはないか?」「ずっと続けていける政策か?」などなど、石橋を叩いて叩いて逆に割れそうになるくらい、準備はめちゃくちゃ周到にしてきました。それでも失敗したときのことを想定して、そのときは自分がすべての責任をとるという覚悟で向き合ってきたわけです。

「困っている人を救いたい」
「世の中をよくしたい」

政治家になる前のそうした志は、いざ政治家になった瞬間に、責任に変わります。

困っている人を助けたり、世の中をよくすることは、**夢や志で終わるのではなく、責任として果たさなければいけないのです。**そしてそれは、情熱と判断力を備えた人間によってのみ、実現できることなのです。

油断すると
すぐに闇落ちする。
誘惑がやたらに多い職業

今の政治家に、情熱・判断力・責任を備えた人は、ほとんどいません。

口を開けば政治家の悪口ばかりですみません。君もうんざりしているかもしれませんが、今の日本の政治家のリアルな現状に、もう少し耳を傾けてほしいのです。

私の体感では、しっかりとした志を持って政治家になったという人は、**全体の2割程度**だと思います。あとの8割は、有名になりたいとかお金儲けをしたいとか、地位と名誉のある仕事だからとか、そういうふわっとした理由で、たまたま政治家になってしまった人たち。

実際に、私の元にアドバイスをもらいに来た政治家志望の人は、「選挙に出るなら、国と地方のどっちが通りやすいですかね？」なんて聞いてくる。「そんなの、お前が何をしたいか次第やろ！」と怒りましたけどね。**世の中をよくすることではなく、政治家になることが目的になってしまっている**んです。

最初の入り口で志、つまり情熱がないと、いざ当選しても、判断力や責任感の乏しい政治家になるだけです。そういう人は政治家ですらないと思っているので、政治家っぽい人ということになりますが。

世の中の状況が悪くなっているのに方針転換せず、現状維持をするばかりで、責任を負わない。「官僚は最悪の政治家である」と述べましたが、**今、政治家の官僚化が深刻です。**

加えて、政治家は、ものすごく誘惑の多い職業です。リアルな話、**黙っていれば、お金がどんどん懐（ふところ）に入ってきます。**企業のエライ人や、地域を仕切っているボスみたいな人がやってきて、「うちらに有利な政策を作ってくださいね」とお金を置いていくわけです。これがいわゆるワイロで、実際に世の中で横行していることです。

情熱や志なく政治家になってしまった人は、そういう〝悪魔のささやき〟に抗（あらが）えません。というよりも、そこで「そんなお金は持って帰ってください！」と強い気持ちで言えるかどうかで、政治家としての資質を問われます。

実際はそんなにお金が欲しいわけじゃないけど、「前の担当者ももらってたから」とか、「ここではお金を受け取った方が丸く収まる」とか、そういう気持ちで受け取ってしまう政治家もいるかもしれません。でも、いかなる理由にせよ、**一度でもそうした誘惑に負けてしまうと、市民のための政治に取り組むことが難しくなってしまいます。**

ちなみに私は、そのあたりのメンタルはかなり強い方でした。お金を持ってくる有力者には「持って帰れ!」とハッキリ断れましたし、接待を受けたとしても、市民を裏切るような行為は一度たりとも行っていません。逆に言えば、有力者サイドの人からはめちゃくちゃ反感を買っています。「接待で肩組んでカラオケしてあんなに盛り上がったのに、全然ひいきしてくれないやんか!」と、クレームを受けたこともありました(笑)。

理想を言えば、〝悪魔のささやき〟とは手を結ばないけど、つかず離れずでうまく付き合っていくのがいいのかもしれません。私はそのあたりが下手くそで、いろいろなところに敵を作ってしまいました。でも、手を結ぶよりはマシだったんちゃうかな。

リーダーとは、孤独で愛される人のこと

君はクラスでまとめ役として力を発揮するリーダータイプですか？

それとも、リーダーを支えるサポートタイプですか？

もし君がリーダータイプなら、政治家の中でも総理大臣や市長に向いているかもしれません。サポートタイプでも、政治をやるにはある程度のリーダーシップが必要になるので、ここで私の**リーダー論**についてお話しします。

例えば、今からみんなで登山に出かけるとしましょう。

まずはどの山に登るか。山には初級者向けから上級者向けまであるので、自分たちに合った山を探して選ぶところから始まります。山が決まれば、どういうルートで登るかを考えます。道を間違えば命を落とすこともあるので、慎重に見極め、判断します。そして持ち物。行動食や飲み物、雨が降ったときのレインコートに、いざというときのロープやライターなど、万が一のケースにも備えて念入りに準備をします。

出発した後は、体調が悪い人はいないかなど同行者にも目を配りながら進みます。もし途中で行き詰まったら別のルートで行くなど、迅速な判断力と柔軟な対応力も必要です。お弁当を食べた後はゴミを散らかしていないか、忘れ物はないか、その場所を去るときにチェックすることも忘れてはいけません。

これらすべてを行うのがリーダーです。登山はつまり、政治そのものに置き換えることができます。

リーダーがすべきこととは、みんなの上に立って指示を出したり、「がんばろうぜ！」と鼓舞をするだけではありません。何かを始めるときの準備や、終わった後の片付け、トラブルが起きたときの対応責任など、**縁の下の力持ち的な役割もこなしたうえで、初めてリーダーと呼べる**のです。

冒頭で、政治家には情熱と判断力と責任が必要であると述べましたが、とりわけ**リーダーは、突出した判断力と責任感のある人でないと務まりません。**そのグループが山道で迷って遭難するか、引き返して危機を回避するかは、リーダーの資質にかかっています。

私が現役の市長だった頃は、プライベートの時間でも、心の底からリラックスしたことは一瞬たりともありませんでした。家にいてのんびりしているときも、遠方でお酒を飲んでいるときも、心のどこかで「自分は明石市の市長である」という緊張感があるんです。「今ここで災害が起きたら」とか、「誰かが不祥事を起こしたら」とか、常に万が一を想像してしまう。そうした事態が起きた場合に、すべての最終決定権は、市長である私にありますから。

そういう意味では、**リーダーは孤独な人でもあります**。判断と責任を一人で負わないといけないので、プレッシャーがハンパじゃないです。すべての人に好かれる仕事ではありませんから、強いメンタルも必要になります。そして、それを他の誰とも分かち合うことはできません。

そんなとき、**心の支えはいつも市民**でした。

めげそうになったときも、「市長、いつもありがとう！」と市民に声をかけられるだけで、不思議なくらい勇気が湧いてきました。市民を救いたくて志した政治家ですが、私が市民に救われることもある。これは市長になって、あらためて身にしみたことです。

海外から学べることもある。広い視野を持つべし

私がこれまでに取り組んだ政策は、「初」とつくものが多いです。「第二子以降の保育料無料化」は関西初、「児童扶養手当の毎月支給」「戸籍がない人への支援」「ジェンダー平等の推進に関する条例」は全国初。「ひきこもり相談センター」の開設や「中学校給食の無償化」は中核市初の試みです。ほかにも、ここに紹介しきれないほどの「初」の政策を実施しています。

「初」と言うと、何か目新しく斬新な政策のように感じますが、世界を見渡してみると、珍しくも何ともありません。特に、私が実施した子どもに関する政策の数々は、**世界ではすでに当たり前となっている内容のものがほとんど**です。

日本は、子どもの教育に使う予算の割合が、海外の国々の半分以下と言われています。

例えば、フランスをはじめとするヨーロッパの国々では、子どもの教育費の7割を国が負担してくれます。具体的に言うと、高校までの授業料をはじめ、教科書や文房具にかかる費用、給食費、あるいは大学にかかる学費などを、国が負担してくれるのです。そうやって**家庭の負担を減らすことで、貧乏な家の子もお金持ちの家の子も、みんな平等に学べる環境が整っている**と言えます。

一方で、日本は正反対です。**国が請け負う教育費は全体の3割で、7割は各家庭が負担しなければいけない**しくみになっています。日本で子育てをするのは、実はものすごくお金がかかる。日本ほど、子どもや子どもを持つ家庭に冷たい国はありません。

私が取り組んだ「初」の政策は、そうした海外の基準に合わせて作ったものが多いです。子ども政策に限らず、例えば「ジェンダー平等の推進に関する条例」などは、アフリカのルワンダの憲法を参考にして作りました。私は国会議員時代、よく空き時間を利用して、国会図書館に足を運びました。そこには、海外の政策に関する資料がたくさんあって、「こんな法律あるんや！　おもろいなぁ」と、興味津々に調べていました。

海外の法律や条例って、ホンマに面白いものがぎょうさんあるんですよ。例えば、アメリカのカリフォルニア州なんかでは、離婚して養育費を払わないお父さん、あるいはお母さんに対する罰則が変わっていて。そのお父さんが宅配ピザを頼むと、ピザの箱の上に「養育費を払え！」っていうチラシを貼られてしまうんです。養育費を払わないと、ピザ屋さんにもその情報を共有されてしまって、

「ピザを頼むお金があるなら養育費を払いなさい」と言われてしまうわけですね。

すみません、ちょっと話がそれました。何が言いたいかというと、**日本の常識は世界の常識ではない**ということ。政治家として、広い視野を持ってほしいということです。

世界を見渡してみれば、日本では当たり前の総理大臣がいない国や、選挙がない国だってある。子ども政策はもちろん、税金に関するルールも国でまちまちです。世界には、目を見張るべき優れた法律から、ちょっと笑ってしまうヘンテコなルールまで、日本にいては思いつかない多種多様な政治が存在しています。

今の日本のしくみやルールをスタンダードだと思わず、視野を世界に広げて、新たなヒントを探ってみることも大切です。

ただし残念なことに、**日本では、新しい取り組みが受け入れられ**

づらい。私が「初」の政策に取り組んだときも、警戒されたり、はなから相手にされなかったりと、なかなかすんなりとはいきませんでした。

日本人が初めてのことに消極的なのは、日本がもともと「村社会」だったことも関係しています。一定数の人が暮らすコミュニティでは、何かとびぬけたことをするよりも、周りの人との調和が大切にされてきました。今もその文化のなごりとして、「ほかの地域でやっていないことはやめよう」「過去にやっていないことはやめよう」「上の指示にないことはやめよう」という、「3大やめよう」がはびこっている気がします。

そこで物を言うのが、まさに判断力です。

やるべきだと思ったことは、周囲に白い目で見られようともやってのける。そのくらい強い意志を持った政治家に、君はぜひなってください。

魅力的な政治家は人の「悲しみ」を知っている

今、君はどんな環境で生きていますか？
学校と塾に追われて忙しい日々を送っている君もいるでしょう。
部活が楽しくてしょうがない君もいるでしょう。
あるいは、学校にも塾にも行かず、勉強をする環境にない君もいるかもしれません。

政治家になるためには、学歴は必要ありません。もちろん、あるに越したことはありません。政治や経済、法律の構造を知っておけば、政治家として何をするにも大きな自信となって君を支えてくれるでしょう。

でも、もっと大切なことがあります。

それは、**人間に対する深い理解**です。

さらに言えば、**一人ひとりの「悲しみ」に対する共感**です。

すでにお話しした通り、私の両親は漁師で、家はめちゃくちゃ貧乏でした。ご近所さんもみんな貧しくて、ヤクザがその辺をウロウロしているような街でした。小中学校の学力レベルも地域で最下位でしたし、中学生がしょっちゅう補導されているような、そういう地域で育ちました。

だからその分、私の中で、「貧しさ」がリアリティとして存在しています。今日は漁がしけたから晩ご飯のおかずがないとか、今週1週間を家族でどう乗り切るかとか、隣の同級生の親がずっといなくて、うちにご飯を食べに来たとか。そういう子どものときの光景が、私の中にしっかりと焼き付いている。だから、今の子どもの貧困や、コロナ禍で経済的にしんどい思いをしている人たちの気持ちを、リアルに想像することができます。

政治家とは、**さまざまな環境で生きる人の「悲しみ」を想像し、寄り添える人間のこと**です。貧困、障害、性的マイノリティなどで苦しい思いをしている人に対する深い理解がある人間です。今となっては運よくと言うべきか、私は幼少の頃からそういう環境に育ってきたので、彼らの苦しみや悲しみが痛いほどわかります。

政治家の中には、お金持ちの家に生まれ育ち、進学校に通って一流の大学を出て、そのまま選挙に当選した人がたくさんいます。彼らはおおむね優秀だけど、私からすれば、魂がないようにも見える。勉強はできるけど、リアルな世の中のことを知らないから、「1万円ぽっちの補助金じゃ、はした金でしょう」なんてことを平気で言う。その1万円で救われる家族がいるというところに、想像が及ばないのです。

では、私のように、貧しい経験をしなければ市民に寄り添えないのかと言うと、そうではありません。**「人間」を知るためには、とにかくいろいろな経験をすることが大切です。**ぶらりと旅に出てもいい。何かのコミュニティに参加してみるのもいい。本を読むのも立派な経験です。特に、本屋さんや図書館などで、普段あまり手にとらないようなジャンルの本を探して目を通してみてください。インターネットはあまりおすすめしません。自分に興味のあるサジェストばかりが出てくる傾向にありますので、意外と世界が広がらなかったりします。

こうした経験を通じて、**自分とは違う人間がいるということを知る。**多様な生き方があって、幸せの形も人によって違うのだということを、机上ではなく人との出会いによって学んでほしいのです。

世の中を知ることで君は何倍にも強くなれる

そういう意味では、いざ政治家を目指す前に、何か別のことをして社会経験を積むのはアリです。例えば、私は市長になる前に弁護士として活動していましたが、そのときの経験は、市長時代にものすごく活きました。

そもそも、なぜ弁護士になったのか、その経緯を少しお話しします。あれは私が20代半ばの頃。ふらっと入った本屋さんで政治家の石井紘基さんの本に出会い、感銘を受けました。すぐに石井さんに手紙を書き、その縁で石井さんの秘書として働くことになりました。

働き始めてから1年ほど経った頃、選挙がありました。石井さんを当選させるために死に物狂いで働きましたが、結果は落選。私は当選させられなかったことを詫び、「もう1回、一緒にがんばりましょう」と言ったところ、石井さんは、「君をこれ以上引き留めておくわけにはいかない。司法試験を受けて、弁護士になるべきだ」と、思いもかけないことを言ったのです。

なぜ弁護士を目指すべきなのか。石井さんは、その理由を2つ述べました。一つは、「**政治家になるなら、まず世の中を知らなければいけない**」から。弁護士になって困っている人と会い、多くの人の営みや悲しみに触れること。同時に、世の中の矛盾や理不尽を通じて、社会のリアルを学ぶべきだと言ったのです。もう一つの理由は、「弁護士の資格があれば、落選しても家族が路頭に迷わない」。この本の最初でもお話しした通り、資格さえ持っていれば、仮に選挙に落選しても、食いぶちを失わない。だからこそ、選挙も政策も、人の目を気にせず伸び伸びとできるのだと教えてくれました。

結果として、石井さんの言った通り、弁護士時代に学んだことは、政治家になってから大きな力になりました。虐待されている子どものリアルを知り、離婚して一人親で生活するしんどさを知り、犯罪被害にあってもまともな補償を受けられない人の悲惨な状況を知りました。それらが政治家としての使命感につながり、さまざまな政策や条例に反映されていったのです。

基本的に、選挙に立候補するのに年齢は関係ないと思っています（実際は年齢制限がありますが）。極端なことを言ったら、中学生でも、志があれば立候補すればええやん、と思っているほどです。でも、石井さんが言ったように、あえて遠回りをして、違う環境に身を置くことにも大きな価値があります。

弁護士でもボランティアでもアルバイトでも、人が出会い、集う場所には必ず何かの発見があるはずです。

5日目のおさらい

- 政治家に必要な能力は3つ。心の内側から湧き出る「情熱」、他人に流されずに方針転換するための「判断力」、そして市民・国民に対する「責任」
- 政治家は権力を持っているから甘い誘惑も多い。そんな「悪魔のささやき」に打ち勝つ勇気を持とう
- 私が市長時代に行った政策は日本では「初」が多いけど、ほとんどが「海外」を参考にしたもの。日本の常識は世界の常識ではない
- 学歴も大事だけど、それよりも大切なのは、人の「悲しみ」に対して共感できるかどうか
- 市長になる前に弁護士をやったことで人々の悩みにリアリティを抱けた。いろんな世界を見ることは政治家になった後に役に立つ

6日目

みんなは日本を
どんな国にしたい？

世の中の9割は思い込み。間違いに最初に気づくのは市民

世の中の9割は思い込みでできています。

「三権分立が正しい」という思い込み、「政治を執るのは官僚だ」という思い込み、「大人になったら結婚して子どもを産むべきだ」という思い込み、「子育てはお母さんがやるべき」という思い込み。

古くは、「すべての権利は王様にある」という王権神授説の時代もありました。これもまた思い込みです。

何が正しいか、何が間違っているか。それは時代によって変化す

るものです。

私が子どもの頃は、男性が外で仕事をして、女性は家で家事をやるのが当たり前でした。でも今は、仕事を生きがいにする女性も多く、男性でも家事や育児を積極的にやる人が増えています。ＬＧＢＴＱもそうです。たった数十年前までは、同性同士で付き合ったり、結婚したりするなど信じられないことでした。

今はむしろ、そうした多様性を重んじる社会の在り方が理想とされています。


こうした**社会の変化は、まず市民の中から生まれます**。

「家事や子育てを女性だけが負担するのはおかしい」と最初に声を上げたのは、一般市民のお母さんでした。王様にばかり権利が集中することに異議を唱えたのは、それに苦しむ民衆でした。

世の中の当たり前が思い込みだということに気づき、いち早く動くのは市民です。政治はその後についてきて、市民の声を反映する形で、新しい制度や条例ができていくのです。
君は今、世の中に何を求めますか?

世界で起きている戦争をなくしたい。
校則で自由な髪型を認めてほしい。
もっと緑のある街に住みたい。
自分と性別が同じパートナーと将来結婚したい。
目の見えない人でも楽しめるテーマパークを作りたい。

ささいなことでもいいから、君が今、**「世界がもう少しこうだったらいいのに」**と思うことを考えてみてください。それは果たして、今の世の中で実現可能なことでしょうか?
例えば「もっと緑のある街に住みたい」と思ったら、まずは街の自然をどこが管理しているのか調べるべきでしょう。市区町村が管理している公園もあれば、街に植えてある街路樹などは、企業や地域の人々が役所と協力して管理しているケースもあります。

ほかにも、街の自然を増やすために、独自の取り組みをしている地域もたくさんあります。そういったことを知るだけで、自分の「こうだったらいいのに」が、ぐっとリアルになると思いませんか？

逆に、もし君が「今の世の中では難しいな」と思うのであれば、その理由は何だと思いますか？ 例えば日本では、同性婚（同性同士の結婚）は認められていませんが、海外には認められている国がたくさんあります。なぜ日本ではダメなのか？ ここを考えることも、すごく重要です。


世の中の思い込みに気づくのは、政治家ではなく、君のような市民です。その気づきが、「自分が住む街をこんなふうにしたい」という明確なビジョンになる。そしてそれは、**未来に政治家を目指そうと思ったとき、君の中の情熱となります**。

君は、今の世の中をどんなふうに変えてみたいですか？

都道府県はいらない？全国を市で統一するのってあり？

私が今、世の中を変えるなら何をしたいか。

すでに何度もお話ししている通り、私のビジョンは、生まれ育った明石市を「やさしい街」に作り変えることでした。その目標がほぼ達成された今、新たなビジョンの一つに、「都道府県をなくす」というものがあります。

都道府県をなくす。つまり、東京都とか大阪府とか、北海道とか兵庫県とか、そういうくくりで日本を分けるのはやめよう、ということです。

え!? このおっちゃん、突然何を言い出すねん！

そう思うのも無理はありません。都道府県がないなんて、今の社会では普通は考えられないことですよね。

でも実際の話、私は昔から、日本に都道府県はいらないと思っていたんです。むしろ、**都道府県というくくり自体が思い込みの一種**であって、それがあることでさまざまなデメリットが生じているとすら感じています。

ここで少し、都道府県の成り立ちについて説明しましょう。日本史のおさらいです。

さかのぼること江戸時代。このとき、日本は徳川幕府と藩という2つで成り立つ幕藩(ばくはん)体制をしいていました。ところが、その後の明治維新という大きな改革により、近代国家を目指すべく、幕藩体制は廃止されます。代わりに誕生したのが、都道府県という新しい制度です。

1888年には、現在の47都道府県の骨格が完成。以来、135年以上にわたり、日本では都道府県制度が採用されています。

そもそも、なぜ都道府県が必要だったのでしょうか？

理由はすごくシンプルです。

都道府県ができる前の日本は、およそ7万もの小さな村や町が散らばっていて、国としての意思統一がとても難しい状況でした。インターネットはもちろんのこと、飛行機や鉄道もない時代です。国で何か決定事項があったときに、それを全国の村や町に伝えるためには、人が走って伝達しなければいけなかった。そんなことは不可能に近いですよね。

だから、国と村の間に、都道府県という中間のくくりを作ったんです。国が都道府県の管理をして、都道府県が市町村の管理をする。**国と市町村という二重構造から、国と都道府県、そして市町村**

という三重構造になったわけです。

ところが、時は流れ、明治維新の時代と比べて政治の在り方が大きく変わりました。中央集権から地方分権の時代になり、それぞれの地域の個性に合わせて、そこに住む人々と地方自治体が、それぞれの場所で政治を行うようになったわけです。

そういう意味で、今の時代においては、都道府県の役割はほとんど失われています。

日本全体の政治と外交を担う国、市民の一番近くで生活に直結する政治を行う市区町村。その間にいる都道府県は、サラリーマンで言うところの中間管理職のようなもので、すごく中途半端なポジションに置かれています。

都道府県があることのデメリットもあります。それは、**そこに割かれる人員と膨大なお金です。**

都道府県に割り当てられている予算をカットし、そこで働いている人を国か市区町村に振り分ければ、全国のいたるところで、もっといろいろな政策に取り組めます。

国と市区町村の間に都道府県があることで、**さまざまなことの進行が遅くなるという問題もあります**。例えば、市区町村で何か政策を実施しようとして、国の確認が必要なことがあったとします。そういうときは、市区町村が直接国と連絡をとり合うのではなく、一度、都道府県におうかがいを立てなければいけません。その「確認」には、たいてい驚くほど時間がかかります。

そういうわけで、私は断固、「都道府県はいらない」派なのです。

ちょっとスケールが大きすぎて、君にはリアリティのない話だったかもしれませんね。

いずれにせよ、私が伝えたいのは、「世の中をこう変えたい」という理想は、これくらい自由で大胆でもいいということです。

「右・左」ではなく市民に「近いか・遠いか」で考える

「日本をこういう国にしたい」という話をするとき、大人がしばしば持ち出すのが「右派」「左派」という思想です。意味はわからなくても、その言葉を耳にしたことはあるのではないでしょうか。

簡単に説明すると、「右」とは右派のことで、昔ながらの日本が大好きな人たちのこと。とりわけ、日本の伝統と秩序をしっかり守っていこうという思想を指します。考え方が保守的なので、右派はよく「保守」とも言われます。

一方、「左」とは左派のことで、右派と反対の思想を持つ人たちのこと。新しい思想をどんどん取り入れていこうという考えで、右派の「保守」と比べて「革新」的であるのが特徴です。

政治家で「右・左」の話が好きな人は、決まって、自分と違う思想の人を批判します。右の人は「天皇万歳！　左派が日本の伝統をダメにする！」と主張し、左の人は「すべての人に人権と多様性を！　保守の考えは古い！」と主張する。

私から見れば、どちらにもいいところはあるし、悪いところもある。そしてどちらの主張も、現実離れしていていまいち心に刺さらない。

真の志がない政治家が、「保守」とか「革新」という壮大な大義を掲げて、自分を大きく見せているだけのようにも見えます。

「泉さんは右ですか？　左ですか？」

と、聞かれることがあります。

私は「右か・左か」ではなく、**市民に「近いか・遠いか」**で考えます。いかに市民に近いところで、同じ目線で物事を考えられるかの勝負であって、そこに「右・左」が入り込む余地はありません。

地方政治は市民の生活をどう向上させるかがテーマです。「駅前に子ども向けの施設を作ろう」とか、「コロナで困っている人に助成金を配ろう」という政策にコツコツ取り組んでいるので、「愛国心が〜」「人権が〜」という机上の空論に力を割く余裕がないのです。

一方で、地方の行政は往々にして、左寄りに見える部分もあります。

「右・左」それぞれの特徴として、右派は集団主義的で、左派は個人主義的であることが挙げられます。つまり、右派は国家という大きな集団を大切にしていて、左派は反対に、個人や弱者を大切にしているのです。地方自治は基本的に、市民一人ひとりの生活に直結した行政を行います。実際に明石市が行った子ども政策やLGBTQ政策は、まさに左寄りに見える発想です。

ちなみに、私個人としては、右派系の政治家から好かれる傾向にあります。「地元の明石が大好きです！」という暑苦しい情熱が、右の人にはウケるようです（笑）。

いずれにせよ、「右派」「左派」の定義は時代によって変化するものです。「保守」と言われる自民党も、近頃では「革新」的な主張をすることも少なくありません。

「右・左」の定義自体が、時代を追うごとに曖昧になっています。それはまた、**「右」や「左」という発想そのものが、古くなりつつある**ことの表れかもしれません。

なぜそこに集うのか？セーフティネットとしての「トー横」

突然ですが、私は東京・新宿にある歌舞伎町が大好きです。私が若い頃の新宿は、芝居小屋や小劇場があって、文化の発信地として若者に人気がありました。もちろん、今の歌舞伎町に通じるような、ネオンで怪しげな雰囲気もあり、20歳で初めて訪れた瞬間に、私は虜になりました。

雑多なジャンルの人がいて、どんな人も受け入れる寛容さがある。歌舞伎町は日本で一番、「生きている」感じがしました。私の中で、その印象は今も変わりません。

近年の歌舞伎町は、さまざまなニュースで取り上げられることが多くなりました。その代表的なものに、「**トー横キッズ**」が挙げられます。

歌舞伎町にある高層ビル周辺の路地にたむろする若者たち。まさに君とも年齢の近い男の子や女の子が夜な夜な歌舞伎町に集い、そこで発生している売春や暴力行為などが深刻な問題になっています。

こうした問題を、「よくないことだ」と切り捨てるのは簡単です。未成年の子どもたちが夜中の繁華街にいること自体が危ないし、そこが違法行為の温床になるのは容易に予想できることでしょう。倫理的に考えれば、そうした場所は排除するべきなのかもしれません。

でも、だからといって、彼らや「トー横」という場所を、真っ向から否定はできません。

なぜ、彼らはそこに集うのか？

親に虐待されて他に居場所がないのかもしれません。自分を肯定してくれる唯一の友達が、その場所にいるのかもしれません。あるいは、推しのホストに会うために、そこで時間を潰しているだけの子もいるでしょう。

さまざまな理由により、そこが唯一の彼らの居場所になっているとしたら、また、ある種のセーフティネットとしての機能を果たしているならば、「排除する」ということで解決できる問題ではありません。

もちろん、犯罪行為はダメだし、それ自体が危険な環境ではあるけれど、一概に「いけないこと」だと切り捨てることはできない気がしています。

国会議員になりたての頃、私には0歳の娘がいました。

ある日、妻が娘の面倒を見られないほど体調を崩し、タイミング悪く私も、国会に行かなければならない用事がありました。娘をどこかに預けられないか、ワラにもすがる思いで、当時住んでいた新宿区の役所に問い合わせたところ、すぐに託児所を手配してくれたのです。

この対応の速さに、私は心底驚きました。通常、託児所に子どもを預けるのは簡単なことではありません。例えば明石市の場合は、事前登録や予約をして、個人情報が必要になります。そうしないと、子どもを預かる方もいろいろと不安だからです。

ところが新宿区では、「今、子どもの面倒を見られなくて困ってます！」と役所に連絡すれば、すぐに空いている託児所を手配してくれる。この対応の速さは、新宿区独自のものではないでしょうか。

おそらく新宿区には、「今すぐにでも子どもを預けないと、急な仕事に対応できない」というお母さんが多かったのでしょう。夜の仕事をしている女性が多いため、深夜まで開いている託児所も多いと聞きます。

事前登録や個人情報うんぬんよりも、**とにかく子どもが放っておかれる環境を作らないようにする。**新宿区のこんな姿勢に、感心しました。

世の中には、黒か白かで割り切れないことがたくさんあります。人の生活や人間関係は、数学みたいに割り切れるものではありません。また、道徳の授業のように、「この人は正しい」「この人は間違っている」と分断することもできません。

大切なのは、とにかく生きることです。

そして、今大変な誰かが生きられるように、サポートするのは政治の役目です。今も生命力に溢れる歌舞伎町を訪れるたびに、そんなことを思っています。

人は他人と わかり合えないから 想像力の翼で補おう

さて、ここまでで、日本の政治家の悪口をさんざん言ってきました。

最後くらいは、ちょっとフォローしとかないとあかんね（笑）。

君もうすうす感じている通り、私はハッキリと物を言うタイプの人間です。だから、昔から敵が多い。

特に、明石市の市議会議員たちは、市長の私があまりにも好き勝手にやるものだから、当時ははらわたが煮えくり返っていたことでしょう。

でも、こと市民のことになると、**彼らは決まって、最後には味方になってくれました**。

例えば、コロナ禍でテナント料が払えない市民に、市から補助金を出そうとしたとき。それから、学費が払えないほど困窮（こんきゅう）していた学生のサポートをしようとしたとき。普段は私のやることに文句ばかりつける議長が、このときばかりは、「やらなあかんな」と言って、重い腰を上げてくれました。

結局のところ、**人は、目の前で溺（おぼ）れている誰かを助けずにはいられない**。キレイごとではなくて、それこそがリアルなんだと思います。

その事実は大きな希望であり、私が政治をあきらめていない理由でもあるのです。

人は、他人とわかり合うことはできません。

これは悲しいことではなくて、当たり前のこと。

誰かと映画を観ていて涙を流しても、その涙が、隣で一緒に観ている人の涙と同じとは限りません。自分と他人は別の生きものですから。

だからこそ、政治家は、想像力の仕事だと思っています。

わかり合えない人の痛みや苦しみを、想像力で補っていく。それができる人こそ、みんなから愛される政治家になれる人です。

人生で忘れてはいけない「3つの発想の転換」

最後に。

これは君が政治家になる・ならないに関係なく、今後の人生において大切になってくる考え方を紹介して、この本を終わりたいと思います。

それが「**3つの発想の転換**」です。

1つ目が**「上から」という考え方からの転換。**

例えば、君が先生に何かを言われたとき、「先生の言うことは絶対に正しい」と思うことはないですか？　先生が言うから、上の立場の人が言うから、あまり深く考えずに「正しい」と思ってしまう。はっきり言います。先生だって間違えます。

大切なのは、自分がどう思うかです。

そこに気づかなかった大人は、誰かに言われないと動けない「指示待ち人間」になり、すべてが他人事の意識になってしまう。そうならないためにも、人の考えでなく、「自分の考え」を軸に生きてください。

2つ目が**「一律」という考え方からの転換。**

とりわけ日本では、「みんな一緒」がよしとされます。でも、そもそも君と君の友達は違う人間なのだから、行動も考え方も違って当たり前ですよね。「みんな一緒がいい」とは、言い替えれば「管理する側にとって都合がいい」ということです。でも、もう「管理される側」の都合に合わせる時代ではありません。

明石市が市独自で多様性を尊重したように、君たち一人ひとりに独自の個性がある。**人と違うこと、自分だけのオリジナルに誇りを持ってください。**


3つ目が、**「これまで通り」からの転換**です。

これまで通りのやり方を変えなかったツケが今回ってきていることはすでにお話ししました。時代は変わる。だから、その時代ごとに合ったやり方をしないといけない。

私はもう白髪（しらが）の生えたおっちゃんで、考え方も次第に古くなりつつあります。今度は**君たちの考え方が、その時代のスタンダード（標準）になる**んです。おっちゃんの古い考えに従うよりも、現代ならではの自分の考えを大切にしてください。

その考えこそが、「未来の当たり前」になります。

さて。この本は、君が「政治家になりたい」と思ってくれればいいなと思って作りました。仮にそう思わなくても、政治について、自分が住む国や街について考えたとき、それはおのずと「自分はどんなふうに生きていきたいか？」という問いにつながってくるはずです。

すぐに答えが出なくても、いろいろな経験をしながら、ゆっくり考えてみてほしい。そして自分が進むべき道に「政治家」という選択肢があれば、私はどこにいても、君のことを全力で応援します。

政治家に必要なのは、
やさしさと、賢さと、ほんの少しの強さ。

近い未来に、政治家になった君と会えることを楽しみにしています（長生きせな……！）。

6日目のおさらい

- 何が正しくて何が間違っているかは時代によって変わってくる。その間違いに気づき、「こうあってほしい」という願いがビジョンになる

- 昔ながらの日本が好きな「右派」、新しいことを取り入れる「左派」。でも、そんな右・左ではなく、市民に「近いか・遠いか」が大事

- 人は他人とわかり合うことはできない。だからこそ、他人の痛みや悲しみを想像力で補うことが必要

- 政治家に必要なのは、やさしさと、賢さと、ほんの少しの強さ

おわりに

さて、ここまで1日目〜6日目という括りで政治の話をしてきました。最後の「7日目」は、1週間で言うところの日曜日なので、少し箸休め的なエピソードを。私が若い頃に経験した旅の思い出です。

20代の頃、すべてを投げ出して旅に出ました。

大学に退学届を出して、寝袋とほんの少しの着替えだけを持って、バングラデシュに飛びました。そこから西へ西へ、インドからイラン、トルコを越えてイギリスまで、半年くらいかけて一人旅をしていました。

40年前の話ですから、海外旅行事情は、今と大きく異なります。まず、インターネットがないから何の情報もない。ガイドブックもあてにならず、文化も言語も知らない土地を、ほとんど当て勘(かん)でウロウロしなければいけないような状況でした。

宿泊は路上です。夜になったら寝袋に入って、その辺で適当に朝を待つ。よ

おわりに

うそんな度胸があったなと思いますが、旅行中の私はボロボロのTシャツにジーンズ、伸び放題の髪とヒゲ、さらにこの悪い目つきなので、どちらかと言えば現地の人の方が怖かったかもしれません。

道中は、ホンマにいろんなことがありました。ウイスキーを持っていたのを忘れていて禁酒の国・パキスタンでつかまりかけたり、どこの国だかもわからない砂漠のど真ん中で一夜を過ごしたり。英語がまったく通じない中東の旅は特にハードで、長旅の末にようやく大都市のテヘランにたどり着き、そこの市場でなじみのあるキュウリを見かけたときは、思わず涙がこぼれたほどでした。

中でも忘れられない光景があります。インドのガンジス川の光景です。インド北部の街、バラナシ。そこには、ヒンドゥー教とゆかりの深いガンジス川が流れていて、聖地としても知られています。

この川のほとりには火葬場があって、毎日、何体もの遺体が焼かれ、その灰が川に流されています。これは一種の儀式のようなもので、この火葬で死者の魂が解放され、輪廻(りんね)から抜け出して、悟りを得ることができると信じられているのです。

私はバラナシに3週間くらい滞在して、その光景を、川辺で毎日ボーッと眺めていました。毎朝決まった時間にいくつもの遺体が運ばれて、淡々と焼かれていく。死とは、生とは。人の一生とは——。そんな観念すら、ガンジス川がすべて包み込んでくれるような、不思議な力がその場所にはありました。

長い旅を通じて感じたことは、人は、生きているだけで価値があるということです。

中東のびっくりするくらい山奥にも村があり、人が日々をひたむきに生きている。パキスタンに流れ込んできた難民たちの訴え、その力強さ。目が覚めたら砂漠のど真ん中で、「まだ生きてた……」とほっとしたこと。

多様な人が、多様な環境で懸命に生きている。そしてまた自分も、多様な環境で生きることができる。その事実は20歳の私をたくましくさせ、大人になった今も、そこに希望を感じている自分がいます。

一方で、人は、生きているだけで罪深い動物でもあります。人は誰しも生きている以上、必ず誰かに迷惑をかけている。キレイに生きようと思っても、建前だけでは生きられません。人はみな、間違いを犯しながらも、必死で今日を生きているのです。

私は、そうした人間臭さに、どうしようもなく魅力を感じます。それはある種の寛容であり、そうした寛容さは、政治家に必要な資質の一つでもあります。

この気持ちを未来の君とも共有できたらと思っています。

最後までお読みいただき、ありがとうございました。

2023年12月

泉 房穂

泉 房穂（いずみ・ふさほ）

1963年、兵庫県明石市生まれ。東京大学教育学部卒業。NHKディレクター、弁護士を経て、2003年に衆議院議員となり、犯罪被害者等基本法や高齢者虐待防止法などの立法化を担当。2011年に明石市長に就任。特に少子化対策に力を入れた街づくりを行う。2023年4月、任期満了に伴い退任。主な著書に『社会の変え方』（ライツ社）、『少子化対策したら人も街も幸せになったって本当ですか？』（共著、KADOKAWA）、『政治はケンカだ！ 明石市長の12年』（講談社）ほか。2024年春頃より、子どもも大人も学べる「いずみ政治塾」をニコニコチャンネルプラス（オンライン）で開催予定。

カバーデザイン：西垂水敦・市川さつき（krran）
カバーイラスト：かわいちひろ
本文デザイン：沢田幸平（happeace）
本文イラスト：横田真優
編集協力：荒井奈央
DTP：思机舎
校正：山崎春江
編集：金子拓也

10代からの政治塾
子どもも大人も学べる「日本の未来」の作り方

2024年1月18日 初版発行

著者／泉 房穂

発行者／山下 直久

発行／株式会社KADOKAWA
〒102-8177 東京都千代田区富士見2-13-3
電話 0570-002-301（ナビダイヤル）

印刷所／大日本印刷株式会社
製本所／大日本印刷株式会社

●お問い合わせ
https://www.kadokawa.co.jp/（「お問い合わせ」へお進みください）
※内容によっては、お答えできない場合があります。
※サポートは日本国内のみとさせていただきます。
※Japanese text only

定価はカバーに表示してあります。

ISBN 978-4-04-606615-2 C0031